Katharina Steinbeck, Nicole Kastirke

Zwei Mütter / Zwei Väter

Gender and Diversity

Herausgegeben von
Prof. Dr. Marianne Kosmann, Prof. Dr. Katja Nowacki
und Prof. Dr. Ahmet Toprak, alle Fachhochschule Dortmund

Band 14

Katharina Steinbeck, Nicole Kastirke

Zwei Mütter / Zwei Väter

Über die Besonderheiten in einem normalen Familienalltag

Centaurus Verlag & Media UG

Über die Autorinnen
Katharina Steinbeck ist staatlich anerkannte Sozialarbeiterin/ Sozialpädagogin; studiert an der Ruhr-Universität im Masterstudiengang Sozialwissenschaft (Kultur und Person) und arbeitet als wissenschaftliche Hilfskraft an der Universität Duisburg-Essen in einem Forschungsprojekt.
Prof. Dr. Nicole Kastirke ist Professorin für Erziehungswissenschaft mit dem Schwerpunkt Schulsozialarbeit an der Fachhochschule Dortmund, Fachbereich Angewandte Sozialwissenschaften; Arbeitsschwerpunkte sind Schulsozialarbeit, Inklusion, Gender, Diskriminierung in Bildungskontexten, Schulentwicklung.

Bibliografische Informationen der Deutschen Nationalbibliothek
Die Deutsche Nationalbibliothek verzeichnet diese Publikation in der Deutschen Nationalbibliografie; detaillierte bibliografische Daten sind im Internet über http://dnb.d-nb.de abrufbar.

Gedruckt auf säurefreiem und chlorfrei gebleichtem Papier.

ISBN 978-3-86226-261-8   ISBN 978-3-86226-921-1 (eBook)
DOI 10.1007/978-3-86226-921-1

ISSN 2192-2713

Alle Rechte, insbesondere das Recht der Vervielfältigung und Verbreitung sowie der Übersetzung, vorbehalten. Kein Teil des Werkes darf in irgendeiner Form (durch Fotokopie, Mikrofilm oder ein anderes Verfahren) ohne schriftliche Genehmigung des Verlages reproduziert oder unter Verwendung elektronischer Systeme verarbeitet, vervielfältigt oder verbreitet werden.

© *Centaurus Verlag & Media UG (haftungsbeschränkt), Herbolzheim 2014*
www.centaurus-verlag.de

Umschlaggestaltung: Jasmin Morgenthaler, Visuelle Kommunikation
Umschlagabbildung: Julius Tigges
Satz: Vorlage der Autorinnen

Widmung

Mein persönlicher Dank gilt Lena Paßelewitz und Laura Schmitte für ihre sowohl freundschaftliche als auch professionelle Unterstützung und ihre kritischen Anmerkungen.
Von Herzen danke ich außerdem Sylvia Stawowski dafür, dass sie immer für mich da ist. Du bist mein Antrieb.
(Katharina Steinbeck)

ABSTRACT	9
VORWORT	10
1. HETERONORMATIVITÄT ALS HERAUSFORDERUNG FÜR DIE SOZIALE ARBEIT	13
2. DAS FAMILIENLEBEN GLEICHGESCHLECHTLICHER PAARE MIT KINDERN	20
2.1 Gesetzliche Rahmenbedingungen	20
2.2 Familienplanung und Familienentstehung	23
2.3 Familienmodelle	26
2.4 Leben im Alltag	27
2.4.1 Aufgabenteilung	28
2.4.2 Ausgestaltung der Elternrollen und Erziehungsverhalten	29
2.5 Beziehung zwischen Eltern und Kind	30
2.6 Psychosoziale Bedingungen	31
2.6.1 Diskriminierungserfahrungen	31
2.6.2 Coming Out	37
3. UNTERSUCHUNG ZUR LEBENSSITUATION LESBISCHER MÜTTER, SCHWULER VÄTER UND IHRER KINDER IN DORTMUND	39
3.1 Forschungsdesign	39
3.2 Darstellung der Daten	42
3.2.1 Angaben zur Person und Partnerschaft	42
3.2.2 Entstehung der Familie	43
3.2.3 Familienmodelle	44
3.2.4 Familienalltag	48
3.2.5 Lebenssituation in der Stadt Dortmund	52
3.2.6 Reaktionen des Umfeldes und der Gesellschaft	56
3.2.7 Politische Situation	58
3.2.8 Wünsche und Anregungen	60

	3.2.9 Zusammenfassung der Ergebnisse	62
3.3	Diskussion	64
	3.3.1 Familienentstehung und Familienmodelle	65
	3.3.2 Familienalltag	66
	3.3.3 Gesellschaft und Umfeld	67
	3.3.4 Politische und gesetzliche Ebene	68
4.	ZUSAMMENFASSUNG	70
5.	AUSBLICK	72
LITERATURVERZEICHNIS		75
ABKÜRZUNGSVERZEICHNIS		82

Abstract

Der vorliegende Text beschäftigt sich mit den Lebenskonzepten gleichgeschlechtlicher Paare, die mit Kindern zusammenleben. Neben dem aktuellen Forschungsstand und den das Thema eingrenzenden gesetzlichen Grundlagen, wird ein Überblick über den derzeitigen politischen und gesellschaftlichen Diskurs zum Thema gegeben, der im Anschluss in eine kleinere empirische Studie mündet, die im Rahmen einer Bachelorabschlussarbeit (BA Soziale Arbeit) an der Fachhochschule Dortmund durchgeführt wurde.

Neben den einzelnen Elementen des Familienlebens von gleichgeschlechtlichen Paaren mit Kindern wird ein Überblick skizziert, der Wissen über Familienentstehung, Familienzusammenleben im Alltag und psychosoziale Bedingungen generiert.

Im vorliegenden Forschungsprojekt wurden 6 Interviews mit gleichgeschlechtlichen Paaren geführt, die mit Kind(ern) in Dortmund leben. Im Zentrum steht dabei die Frage, wie sich das Familienleben von gleichgeschlechtlichen Paaren mit Kindern in Dortmund im Alltag darstellt. Die Eltern leisten individuelle und durch ihre vielfältigen Biographien geprägte Erziehungsarbeit, die ihren Familienalltag strukturiert. Dennoch sind sie heterosexuellen Paaren mit Kindern auf verschiedenen Ebenen nicht gleichgestellt, was sich im abstrakten, aber auch im praktischen Sinne auf ihren Alltag auswirkt.

Die jeweils sehr subjektiven Erfahrungen der Familien mit bürokratischen Prozessen und der allgemeinen Akzeptanz in der sie umgebenden Gesellschaft bieten einen interessanten Diskussionsstart und lassen sich sicherlich auch auf andere Regionen übertragen.

Vorwort

Zu Beginn des Jahres 2006 konstatierte der damalige Bundespräsident Horst Köhler: „Familie ist da, wo Kinder sind."[1] und wies der (Familien-)Politik eine neue Richtung. Dieses Familienverständnis entspricht der gesellschaftlichen Realität, denn die Bundesrepublik Deutschland weist eine Vielzahl von Familienformen und -modellen auf. In Deutschland leben nicht nur Familien im traditionellen Vater-Mutter-Kind-Modell, sondern auch Alleinerziehende mit Kindern, Patchwork-Familien, Kinder, die bei Großeltern oder anderen Angehörigen leben, Kinder, die in Einrichtungen der Kinder- und Jugendhilfe aufwachsen, Pflege- und Adoptionsfamilien und Familien, in denen ein gleichgeschlechtliches Paar mit einem oder mehreren Kindern zusammenlebt.

Für letzteres Modell hat sich die Bezeichnung „Regenbogenfamilien" (Jansen/Steffens 2006: 644) durchgesetzt, die seit dem Jahre 2009 auch im deutschen Duden zu finden ist: Gemeint sind 2 lesbische Frauen oder 2 schwule Männer, die gemeinsam mit einem oder mehreren Kindern in einem Haushalt leben und diese Kinder großziehen. Sie stellen eine Lebens- und Familienform dar, die bisher vergleichsweise wenig erforscht wurde und nicht nur in der Bundesrepublik Deutschland in Gesellschaft, Medien und Politik kontrovers diskutiert wird. Unwissenheit und Vorurteile beherrschen oft noch immer die Einstellungen zu dieser Familienform. So werden z. B. die Erziehungsfähigkeit homosexueller Eltern in Frage gestellt, negative Auswirkungen der Homosexualität auf die sexuelle Identität des Kindes oder die Entwicklung seines Geschlechterrollenverständnisses befürchtet oder Hänseleien gegenüber Kindern aufgrund der Homosexualität und Lebensform der Eltern erwartet (vgl. Jansen/Steffens 2006: 644; Rupp 2009: 22).

Diverse Studien jedoch bestätigen das Gegenteil: Kinder gleichgeschlechtlicher Eltern entwickeln sich in ihrer sexuellen Orientierung und ihrem Geschlechterrollenverständnis unauffällig, sehen ihre Lebens- und Familienform als nicht negativ oder besonders an und wachsen zu selbstbewussten und starken Persönlichkeiten heran (vgl. ebd.; Gartrell et al 2010: 5f.).

Das vorliegende Buch hat zum einen das Ziel, Vorurteile über gleichgeschlechtliche Paare mit Kindern zu beleuchten und einen Wissensüberblick über diese Familienform zu geben. Zum anderen soll es mit Hilfe der Darstellung qualitativer Inter-

---

1 Zitat aus einer Rede beim Jahresempfang der Evangelischen Akademie Tutzing am 18.01.2006

views eine Lücke im kommunalen Forschungsstand schließen, den Alltag von Dortmunder Regenbogenfamilien vorstellen und eine Möglichkeit bieten, eventuelle Probleme zu schildern und Hinweise für verbesserte Rahmenbedingungen zu formulieren.

Im ersten Teil werden die bereits vorliegenden Studien und Erkenntnisse zu gleichgeschlechtlichen Partnerschaften mit Kindern vorgestellt. Nach einem Überblick über den Forschungsstand werden die gesetzlichen Rahmenbedingungen für gleichgeschlechtliche Paare mit Kindern in Deutschland erläutert. Der Schwerpunkt des theoretischen Teils widmet sich dem Leben gleichgeschlechtlicher Paare mit Kindern: Familienplanung und -entstehung, Familienmodelle, Alltagsleben mit Aufgabenteilung, Erziehungsverhalten und Elternrollen und die Beziehung zwischen Eltern und Kind. Auch psychosoziale Bedingungen von Regenbogenfamilien, wie beispielsweise Diskriminierungserfahrungen und das Thema Coming Out, werden beleuchtet.

Der zweite Teil beschäftigt sich mit gleichgeschlechtlichen Paaren, die zusammen mit Kindern in der Stadt Dortmund leben. In einer qualitativen Untersuchung soll mit Hilfe offener, teilstrukturierter Interviews mit lesbischen Müttern und schwulen Vätern die Frage beantwortet werden, wie sich das Familienleben gleichgeschlechtlicher Paare mit Kindern in der Stadt Dortmund gestaltet. Schwerpunkte sind hierbei

- die Familienentstehung und das Familienmodell,
- das alltägliche Zusammenleben innerhalb der Familie,
- die Lebenssituation in der Stadt Dortmund,
- die politische Situation und
- Wünsche und Anregungen der Eltern.

Abschließend werden die Forschungsergebnisse noch einmal zusammengefasst und ein Ausblick verweist auf Forschungsdesiderata und gibt Anregungen zur Verbesserung von Alltagssituationen von Schwulen und Lesben mit Kindern.

Das vorliegende Buch ist aus einer Abschlussarbeit im Studiengang Soziale Arbeit (BA) am Fachbereich Angewandte Sozialwissenschaften der Fachhochschule Dortmund entstanden.

Unser Dank gilt in erster Linie den Interviewpartner_innen für ihre Bereitschaft zu den Gesprächen, für den Einblick in ihr Familienleben und für ihre Offenheit. Ohne ihre Mitarbeit wäre dieses Buch nicht möglich gewesen. Außerdem bedanken wir uns bei Susanne Hildebrandt von der Koordinierungsstelle für Lesben, Schwule und Transidente der Stadt Dortmund für die hilfreiche Zusammenarbeit und die Unterstützung bei der Auswahl der Interviewpartner_innen. Danke auch an Frau Carola Schuberth, die den Text für uns lektoriert hat.

1. Heteronormativität als Herausforderung für die Soziale Arbeit

Der Begriff Heteronormativität bezieht sich auf die Heterosexualität als angenommene Norm in einem Gesellschaftsgefüge, die zum einen ein binäres Geschlechtersystem zur Grundlage hat, in dem ausschließlich 2 biologische Geschlechter - Frau und Mann - vorkommen und zum anderen das sexuelle Begehren dieser gegenseitigen Geschlechter zum jeweils anderen Geschlecht als grundlegend anerkennt. Heteronormativität beschreibt dabei die gesellschaftlichen und kulturellen Strukturen, die durch die hegemoniale Norm von Zweigeschlechtlichkeit und Heterosexualität entstehen: Denk- und Wahrnehmungsmuster und daraus resultierende Institutionen, „die Heterosexualität nicht nur als Norm stilisieren, sondern als Praxis und Lebensweise privilegieren" (Degele 2008: 88f.). Heteronormativität strukturiert folglich „Subjektivität, Lebenspraxis, symbolische Ordnung und das Gefüge der gesellschaftlichen Organisation" (Wagenknecht 2007: 17) und reguliert somit z. B. Wissensproduktion, politisches Handeln und Ressourcenverteilung.

Obwohl der Begriff Heteronormativität uneinheitlich benutzt wird, ist unumstritten, dass er mit Machtverhältnissen und Machtausübung zusammenhängt (vgl. ebd.: 18). Die Annahme heterosexueller Zweigeschlechtlichkeit bildet hierarchische Beziehungen in gesellschaftlichen und kulturellen Bereichen (vgl. Hartmann/Klesse 2007: 9) und es resultieren oftmals Diskriminierungsmechanismen, die all jene Gruppen marginalisieren, die nicht in die Strukturordnung der Heteronormativität passen bzw. aus ihr herausfallen. Dies kann sowohl Personen betreffen, die sich als nicht heterosexuell definieren als auch Personen, die sich nicht in der bipolaren Geschlechterordnung wiederfinden. Der Begriff Heteronormativität bezeichnet also nicht nur die Normbenennung heterosexueller Lebensführung, sondern „markiert die fundamentale Bedeutung heterosexualisierter Geschlechterbeziehungen für gesellschaftliche Prozesse und Institutionen" (ebd.).

Der angenommene und auch qualitativ kommunizierte Normalfall ist also heterosexuell und auf die bürgerliche Familie hin ausgerichtet. Im Umfeld von Reproduktion wird die monogame, heterosexuelle (das heißt Reproduktion mit einem geringen Aufwand verwirklichende) Beziehung angenommen (vgl. Etschenberg 2011: 243). Dass hier implizit auch eine Moralerziehung und Machtprozesse stattfinden und die Auswahl von Wissensbeständen auch immer einen Ausschluss anderer bedeutet, wird beispielsweise im Handlungsfeld Schule gar nicht weiter hinterfragt und eine auf Reproduktion zielende Normalitätsvorstellung weiter tradiert (vgl. Kastirke/Kotthaus 2014: 268).

Im Hinblick auf die Themen Sozialer Arbeit kann die heteronormative Ausrichtung unserer Gesellschaftsordnung also direkten Einfluss auf die Praxis in diversen Handlungs- und Arbeitsfeldern haben. Um das zu veranschaulichen ist es hilfreich, sich die der Sozialen Arbeit aktuell zugrunde liegende Definition und ihr implizites Selbstverständnis anzuschauen.

Die internationale Definition Sozialer Arbeit, welche die Definition der International Federation of Social Work (IFSW, Internationale Vereinigung der Sozialarbeiter_innen) von 1982 ersetzt hat, beschreibt Soziale Arbeit wie folgt:

> „Soziale Arbeit als Beruf fördert den sozialen Wandel und die Lösung von Problemen in zwischenmenschlichen Beziehungen und sie befähigt die Menschen, in freier Entscheidung ihr Leben besser zu gestalten. Gestützt auf wissenschaftliche Erkenntnisse über menschliches Verhalten und soziale Systeme greift Soziale Arbeit dort ein, wo Menschen mit ihrer Umwelt in Interaktion treten. Grundlagen der Sozialen Arbeit sind die Prinzipien der Menschenrechte und der sozialen Gerechtigkeit." (DBSH 2009: 13).

Soziale Arbeit beschäftigt sich also mit Menschen, die in ihrem gesellschaftlichen und privaten Leben auf Probleme stoßen und hilft ihnen dabei, Lösungen zu finden und selbstbestimmt zu leben. Handlungsschwerpunkte Sozialer Arbeit sind jedoch nicht nur individuelle Problemlagen eines Individuums, sondern auch gesellschaftliche Schieflagen, die es zu beheben gilt. Soziale Arbeit ist hierbei auch oft politische Arbeit, die sich dafür einsetzt, die bestmöglichen (Lebens-)Bedingungen für die Mitglieder ihrer Gesellschaft zu schaffen.

Für die ethischen Prinzipien Sozialer Arbeit sind daher verschiedene internationale Übereinkommen von enormer Bedeutung, u. a. die „Allgemeine Erklärung der Menschenrechte", die „Internationale Verpflichtung über bürgerliche und politische Rechte", die „Internationale Verpflichtung über wirtschaftliche, soziale und kulturelle Rechte" und das „Übereinkommen zur Beseitigung jeder Form von Rassendiskriminierung" (vgl. DBSH 2009: 7).

Der vorliegende Text zum Thema „Gleichgeschlechtliche Paare mit Kindern" beschäftigt sich mit einer, wenn auch kleinen, Gesellschaftsgruppe, die aufgrund ihrer Lebensform oftmals marginalisiert und diskriminiert wird (vgl. Jansen/Steffens

2006: 644). Dieser Diskriminierung liegt häufig nicht nur die Lebensform der gleichgeschlechtlichen Partnerschaft mit Kindern, sondern (immer noch) die sexuelle Orientierung der Personen an sich zugrunde. So berichtet die Gruppe „Menschenrechte und sexuelle Identität" (MERSI) von amnesty international (ai) selbst im 21. Jahrhundert von zahlreichen Menschenrechtsverletzungen aufgrund sexueller Orientierungen und Genderidentität auf der ganzen Welt (vgl. Dudek et al 2007: 9ff.). Studien, wie z. B. „Gewalt und Mehrfachdiskriminierungserfahrungen von lesbischen, bisexuellen Frauen und Trans*Menschen in Deutschland" oder die Studie „Gruppenbezogene Menschenfeindlichkeit" mit der Sonderauswertung „Homophobie in Nordrhein-Westfalen" (vgl. Lenz/Sabisch/Wrzesinski 2012: 83ff.), zeigen, dass solche Diskriminierungen auch in Deutschland weiterhin stattfinden.

Es ist also Aufgabe Sozialer Arbeit, auch die Gesellschaftsgruppe der gleichgeschlechtlich orientierten Personen mit und ohne Kinder dabei zu unterstützen, ein frei von Diskriminierung und Benachteiligung würdevolles Leben zu führen. Ausgehend von Art. 1 Abs. 1 GG, Art. 3 Abs. 3 GG und insbesondere Art. 1 AGG, welcher zum ersten Mal Benachteiligung aufgrund der sexuellen Identität verbietet, ist es Ziel der Sozialen Arbeit, gleichgeschlechtliche Paare und ihre Kinder in ihrer Lebensform zu unterstützen, sie bei Problemen jeglicher Art zu beraten, der ihnen widerfahrenden Diskriminierung entgegenzutreten und entstehende Benachteiligungen aufzuheben. Heteronormative Sichtweisen gilt es daher aufzubrechen und ggf. in Frage zu stellen.

Statistische Daten und empirisch abgesicherte Zahlen zu homosexueller Bevölkerung, Eingetragenen Lebenspartnerschaften und gleichgeschlechtlichen Paaren mit Kindern sind in Deutschland selten. Schätzungen, Dunkelziffern, tatsächlich festgehaltene Zahlen und Realität driften weit auseinander.

Da durch die amtliche Erfassung der Bundesrepublik Deutschland (Mikrozensus) nur Angaben zu im Haushalt lebenden Lebenspartnern und somit zur Lebensform gesammelt werden, finden sich dort keine Angaben zur sexuellen Orientierung einer Person (vgl. Eggen 2010: 37). Schätzungen zur Verbreitung von Homosexualität in der Gesellschaft schwanken. Wissenschaftliche Studien sprechen von 5 bis 10 Prozent homosexueller Personen weltweit (Bundeszentrale für Politische Bildung 2010: 1). Gerlach geht von 3 bis 4 Millionen Lesben und Schwulen bei einem Gesamtbevölkerungsanteil von 5 Prozent in Deutschland aus (vgl. Gerlach 2010: 18).

Der Familienstand *Eingetragene Lebenspartnerschaft* wird im Mikrozensus in Deutschland seit 2006 abgefragt (vgl. Statistisches Bundesamt 2011). Laut Mikrozensus 2007 lebten in Deutschland rund 68.400 Personen in einer gleichgeschlechtlichen Lebensgemeinschaft, darunter 16.000 in einer Eingetragenen Lebenspartnerschaft (vgl. Eggen 2010: 40). Im Jahr 2010 gaben 63.000 Menschen an, in einer gleichgeschlechtlichen Partnerschaft zu leben, 23.000 von ihnen in einer Eingetragenen Lebenspartnerschaft (37 %) (vgl. Statistisches Bundesamt 2011). Im Mai 2011 weist der Mikrozensus knapp 34.000 Eingetragene Lebenspartnerschaften auf (vgl. Statistisches Bundesamt 2013). Es ist also eine konstant ansteigende Anzahl an Eingetragenen Lebenspartnerschaften seit Inkrafttreten des Lebenspartnerschaftsgesetzes 2001 zu erkennen. Es sei darauf hingewiesen, dass diese Zahlen eindeutig als untere Grenze anzusehen sind, da die Angaben nach einer Lebenspartnerin oder einem Lebenspartner im Haushalt freiwillig sind (vgl. Statistisches Bundesamt 2011; Eggen/Rupp 2011: 26). Bei einer Unterschätzung von 60 Prozent ergeben Hochrechnungen, dass in Deutschland maximal 180.000 gleichgeschlechtliche Paare in einem gemeinsamen Haushalt leben (vgl. Eggen/Rupp 2011: 26).

In den Eingetragenen Lebenspartnerschaften von 2011 lebten laut Statistik 5.700 Kinder, die meisten von ihnen (86 %) in Lebenspartnerschaften von 2 Frauen (vgl. Statistisches Bundesamt 2013). Die Zahl der Kinder, die in gleichgeschlechtlichen Lebenspartnerschaften aufwachsen, schwankt seit 1996 zwischen 7.000 und 13.000 Kindern (vgl. Eggen 2010: 49; Eggen/Rupp 2011: 28). Dies kann sowohl methodische Gründe bei der Untersuchung als auch demographische Gründe in der Gesellschaft haben (vgl. ebd.).

Es wird jedoch darauf hingewiesen, dass in Deutschland weitaus mehr Kinder in gleichgeschlechtlichen Partnerschaften aufwachsen. Bei einer Unterschätzung von 60 Prozent der Angaben dürften zwischen 18.000 und 21.000 Kinder in gleichgeschlechtlichen Partnerschaften aufwachsen. Außerdem werden sowohl alleinerziehende homosexuelle Eltern sowie homosexuelle Eltern, die weiterhin in einer heterosexuellen Beziehung leben, nicht berücksichtigt, was die reelle Zahl der Kinder, die mit homosexuellen Eltern aufwachsen, steigen lässt (vgl. Eggen 2010: 50; Eggen/Rupp 2011: 26ff.).

Forschungen und repräsentative Studien zu der Familienform gleichgeschlechtlicher Paare mit Kindern sind vor allem im deutschen Sprachraum rar, werden allerdings in jüngster Vergangenheit immer zahlreicher. Von besonderer Bedeutung ist die erste groß angelegte repräsentative Studie zur Lebenssituation von Kindern in gleichgeschlechtlichen Lebenspartnerschaften, welche vom Bundesjustizministerium (BJM) 2006 in Auftrag gegeben und vom Bayrischen Staatsinstitut für Familienforschung an der Universität Bamberg (ifb) durchgeführt wurde. Hierbei wurden 1.059 homosexuelle Personen befragt, welche mit ihrer Partnerin oder ihrem Partner und mindestens einem Kind zusammenleben. All diese Personen wurden telefonisch befragt, 28 von ihnen außerdem im Rahmen einer qualitativen Studie interviewt. Eine weitere psychologische Teilstudie befragte 119 Kinder dieser Eltern in einem persönlichen Interview. Abschließend wurden 29 Interviews mit Expert_innen zur rechtlichen und sozialen Situation der Eingetragenen Lebenspartnerschaft geführt (vgl. Rupp 2009a: 282f.).

Eine kommunale Studie zur Alltags- und Lebenssituation von Kölner Regenbogenfamilien wurde im Rahmen des europäischen Projekts „AHEAD" („Against Homophobia European local Administration Devices") im Jahr 2011 durchgeführt. Hierbei gaben 143 Personen, die Teil einer Regebogenfamilie sind, mit Hilfe eines Online-Fragebogens zu ihrer Lebenssituation Auskunft; außerdem wurden 4 Personen mit Hilfe eines halbstandardisierten Interviews ausführlich zu ihrer Lebenssituation befragt (vgl. Frohn/Herbertz-Floßdorf/Wirth 2011: 7ff.).

Eine weitere Studie fand im Rahmen einer Dissertation statt: Carapacchio untersuchte 46 Kinder und ihre homosexuellen Eltern. Ebenso untersuchte sie 46 Kinder und deren heterosexuelle Eltern, obwohl im Rahmen einer schriftlichen Befragung explizit die Mütter dieser Kinder befragt wurden. Zum einen sollte die Studie Diskriminierungserfahrungen im Alltag von Kindern aus homosexueller Elternschaft beleuchten und zum anderen Kinder homosexueller Eltern mit Kindern heterosexueller Eltern in Bezug auf ihre Beziehungen zu Eltern und Stiefeltern sowie ihre Freundschaftsbeziehungen vergleichen (vgl. Carapacchio 2009: 5).

Vergleichende Studien fanden außerdem in den Jahren 2010 und 2011 in Deutschland, Schweden und Slowenien statt und beschäftigten sich mit der Frage, welche Erfahrungen Kinder und Jugendliche mit homosexuellen Eltern (bzw. LGBTQ[2]-identifizierten Eltern) im Kontext Schule machen und welche Strategien sie entwickeln, um mit diesen Erfahrungen umzugehen (vgl. Streib-Brzič/Quadflieg 2011: 14). Es ist somit die erste Studie, die vorrangig die Kinder und Jugendlichen und ihre Empfindungen und Erfahrungen in den Mittelpunkt stellt. In der deutschen Teilstudie wurden Interviews mit 22 Kindern und Jugendlichen zwischen 8 und 20 Jahren geführt sowie mit 29 LGBTQ-identifizierten Erwachsenen, die mit Kindern in einem Haushalt leben (vgl. ebd.: 18).

Hermann-Green beschäftigte sich in ihrer Dissertation mit lesbischen Müttern, die ihren Kinderwunsch mit Hilfe donogener Insemination[3],[4] erfüllt haben oder erfüllen wollen. In ihrer Studie wurden 105 überwiegend deutsche, lesbische Frauen mittels Fragebogenuntersuchung zu ihrem Familienbildungsprozess befragt (vgl. Herrmann-Green/Herrmann-Green 2008: 322; Herrmann-Green/Gehring 2012: 355ff.).

---

2 LGBTQ: engl. Lesbian, Gay, Bisexual, Transgender, Queer
3 Insemination: Injektion von Spermien in den Eileiter einer Frau
4 donogene Insemination: Insemination von Spendersamen (engl. donor: Spender)

Im Gegensatz zum deutschen Sprachraum legte der angloamerikanische bereits im Jahr 2000 über 88 Studien zum Thema gleichgeschlechtliche Elternschaft vor. Von Bedeutung hierbei ist, dass die Forschungen im angloamerikanischen Raum weitaus früher durchgeführt wurden als im europäischen und vor allen Dingen im deutschen Raum. So liegen in den USA bereits in den 80er Jahren Studien zu gleichgeschlechtlicher Elternschaft vor. Thematische Schwerpunkte der Forschungen sind immer wieder der Umgang der Kinder mit dem Coming-Out der Eltern, Erziehungsfähigkeit homosexueller Eltern, Entwicklung von Geschlechterrollenverständnis und sexueller Orientierung von Kindern homosexueller Eltern, Auswirkung homosexueller Elternschaft auf die Beziehung der Kinder zur sozialen Umwelt und Kontakt der Kinder zu den leiblichen Eltern (vgl. Berger/Reisbeck/Schwer 2000: 10f.).

Die wohl bedeutendste Studie ist die „National Longitudinal Lesbian Family Study" (Gartrell/Bos 2010) aus den USA, welche bereits in den 80er Jahren als eine breit angelegte Langzeitstudie mit lesbischen Müttern begann, die mit Hilfe donogener Insemination Kinder bekamen. Es ist die erste und bisher einzige Langzeitstudie, die zum Themenkreis lesbischer Elternschaft durchgeführt wurde. Als Methode wurden hier Interviews mit lesbischen Müttern und ihren Kindern zu unterschiedlichen Zeitpunkten geführt: Mit den Müttern während der Schwangerschaft (Gartrell/Hamilton/Banks et al. 1996), mit den Müttern im Kleinkindalter der Kinder (Gartrell/Hamilton/Banks et al. 1999), mit den Müttern, als die Kinder 5 Jahre alt waren (Gartrell/Banks/Reed et al. 2000), mit den Kindern im Alter von 10 Jahren (Gartrell/Deck/Rodas et al. 2005) und mit den Jugendlichen im Alter von 17 Jahren (Gartrell/Bos 2010).

Eine weitere bedeutende Studie wurde von Golombok und Kollegen in England durchgeführt (Golombok et al. 2003). Dabei wurden 39 Familien mit lesbischen Müttern aus einer bestimmten Region befragt. Dieselbe Befragung fand zu Kontrollzwecken bei 74 Familien mit 2 heterosexuellen Elternteilen und 60 Familien mit alleinerziehender, heterosexueller Mutter statt.

Sowohl die deutschen als auch die englischen und amerikanischen Studien kommen weitestgehend zu ähnlichen Ergebnissen: Kinder, die in homosexuellen (in den meisten Studien lesbischen) Partnerschaften aufwachsen, entwickeln sich unauffällig und gesund (vgl. Rupp 2009: 290ff.; Jansen/Steffens 2006: 649; Patterson 2009: 156; Gartrell et al. 2005: 523, 2010: 5f.; Golombok et al. 2003: 29ff.). Lesbische Mütter und schwule Väter sind entgegen gängiger Vorurteile in der Lage, ihre Kinder adäquat zu erziehen und ihnen ein behütetes und liebendes Umfeld zu bereiten (vgl. Berger/Reisbeck/Schwer 2000: 16; Jansen/Steffens 2006: 645; Golombok et al. 2003: 23). Kinder homosexueller Eltern entwickeln sich unauffällig in Bezug auf ihr

Geschlechterrollenverständnis und ihre sexuelle Identität und Orientierung (vgl. Berger/Reisbeck/Schwer 2000: 16ff.; Golombok et al. 2003: 28; Jansen/Steffens 2006: 648). Diskriminierungserfahrungen werden zwar teilweise festgestellt, gleichwohl werden aber Bewältigungsstrategien im familialen Kontext erstellt (vgl. Gartrell et al. 1996: 277f., 1999: 367, 2000: 546, 2010: 7; Herrmann-Green/Herrmann-Green 2008: 327f.; Herrmann-Green o. J.: 9f.; Carapacchio 2009: 146ff.; Streib-Brziĉ/Quadflieg 2011: 22ff.). Weiterhin wird festgestellt, dass sich Kinder homosexueller Eltern im Vergleich zu Kindern heterosexueller Eltern in bestimmten Bereichen positiver entwickeln, z. B. in Bezug auf ihre sozialen Kompetenzen und schulischen Leistungen (vgl. Gartrell et al 2010: 5) oder ihre Toleranz und Offenheit gegenüber alternativen Lebensmodellen (vgl. Herrmann-Green o. J.: 8). Weitere spezifische empirische Befunde werden im Verlauf des Textes aufgegriffen.

2. Das Familienleben gleichgeschlechtlicher Paare mit Kindern

In der Forschung zum Thema wurden bereits verschiedenste Bereiche des Lebens gleichgeschlechtlicher Paare und ihrer Kinder untersucht. Die Schwerpunkte der hier vorgestellten Studie werden auf die gesetzlichen Rahmenbedingungen, die Familienplanung und -entstehung, die daraus resultierenden Familienmodelle, das Leben im Alltag und die psychosozialen Bedingungen gelegt.

2.1 Gesetzliche Rahmenbedingungen

Homosexualität war in der deutschen Geschichte durch den § 175 des Strafgesetzbuches (StGB) strafbar und galt als sittenwidrig (vgl. Matthias-Bleck 2006: 303ff.). Das Strafgesetzbuch von 1973 wurde diesbezüglich mehrfach reformiert, jedoch kam es erst 1994 zur endgültigen Streichung dieses Paragraphen (vgl. ebd.). Diese Gesetzgebung kann in Ansätzen erklären, warum Homosexualität und das Zusammenleben gleichgeschlechtlicher Paare in Deutschland erst in jüngerer Geschichte gesellschaftliche Toleranz und Akzeptanz erfährt.

Am 01.08.2001 trat in Deutschland das „Gesetz über die Eingetragene Lebenspartnerschaft" (Lebenspartnerschaftsgesetz – LPartG) in Kraft. Es gibt gleichgeschlechtlichen Paaren das Recht, ihre Lebenspartnerschaft offiziell eintragen zu lassen und ihr somit einen rechtlichen Rahmen zu geben. Im Volksmund „Homo-Ehe" genannt, birgt das Lebenspartnerschaftsgesetz einige Rechte und viele Pflichten für gleichgeschlechtliche Paare, ist jedoch der Ehe zwischen Frau und Mann nicht gleichgestellt. Auch das „Lebenspartnerschaftsüberarbeitungsgesetz", welches am 01.01.2005 in Kraft getreten ist, schafft keine Gleichberechtigung zwischen Eingetragener Lebenspartnerschaft und der Ehe.

Im Lebenspartnerschaftsgesetz sind Regelungen festgehalten, welche die Verpflichtung zum gegenseitigen Unterhalt beinhalten (§ 5 LPartG). Auch der Güterstand wird gesetzlich geregelt: Sofern durch einen Lebenspartnerschaftsvertrag (§ 7 LPartG) nichts anderes vereinbart ist, lebt die Lebenspartnerschaft im Güterstand der Zugewinngemeinschaft (§ 6 LPartG). Auch erbrechtliche Aspekte sind gesetzlich geregelt (§ 10 LPartG). Mit der Überarbeitung von 2005 ist es Lebenspartner_innen auch möglich geworden, einen gemeinsamen Namen (Lebenspartnerschaftsnamen) anzunehmen (§ 3 LPartG).

Das Lebenspartnerschaftsgesetz von 2001 hat der Elternschaft in einer Eingetragenen Lebenspartnerschaft keine Bedeutung zugesprochen; erst mit der Überarbeitung von 2005 wurden Regelungen gesetzlich festgehalten, die das Zusammenleben mit Kindern in einer Lebenspartnerschaft betreffen. Lebenspartner_innen ist es seit der Überarbeitung des Gesetzes durch die Eingetragene Lebenspartnerschaft zugesagt, „im Einvernehmen mit dem sorgeberechtigten Elternteil die Befugnis zur Mitentscheidung in Angelegenheiten des täglichen Lebens des Kindes" (§ 9 Abs. 1 LPartG) zu erlangen. Dies bedeutet, dass der_die Lebenspartner_in des leiblichen Elternteils über die Angelegenheiten des alltäglichen Lebens des Kindes mitentscheiden darf, wenn der leibliche Elternteil das alleinige Sorgerecht innehat. Dies wird im Volksmund das „kleine Sorgerecht" genannt. Da aber, vor allem in Familien, in denen die Kinder aus einer heterosexuellen Vergangenheit stammen, beide leiblichen Elternteile sorgeberechtigt sind, ist es nur in den seltensten Fällen möglich, dass der soziale Elternteil, also der_die neue Lebenspartner_in des leiblichen Elternteils, eine rechtliche Elternposition einnehmen kann (vgl. Rupp 2009b: 25).

Seit der Überarbeitung des Lebenspartnerschaftsgesetzes ist die so genannte „Stiefkindadoption" möglich, das heißt ein_e Lebenspartner_in kann das leibliche Kind der Lebenspartnerin bzw. des Lebenspartners adoptieren und ist somit gleichberechtigtes, gesetzliches Elternteil des Kindes (§ 9 Abs.7 LPartG). Dies ist jedoch nur möglich, wenn der andere biologische Elternteil seine Zustimmung gibt. Ist z. B. bei 2 lesbischen Müttern und ihrem Kind der biologische Vater des Kindes bekannt (oder wird er bekannt gemacht), muss dieser seine Zustimmung zur Stiefkindadoption der Lebenspartnerin der leiblichen Mutter geben. Die rechtlichen Ansprüche, Verantwortung, Unterhalt, Erbrecht, etc. bleiben bei einer Stiefkindadoption auch nach Trennung der Lebenspartner_innen bestehen.

Bei 2 schwulen Männern gestaltet sich die rechtliche Lage als noch komplizierter, wenn die Kinder bei ihrer leiblichen Mutter aufwachsen oder diese ihre Zustimmung zu einer Stiefkindadoption nicht gibt. Auch bei einer Fremdadoption, also der Adoption eines nicht leiblichen Kindes, gibt es bis heute keine Möglichkeit der gemeinsamen Adoption durch beide Lebenspartner_innen. Bisher war es noch nicht einmal möglich, dass eine Lebenspartner_in das Adoptivkind der Partnerin bzw. des Partners anschließend auch adoptieren kann, was für das Adoptivkind in aller Regel bedeutete, nur ein gesetzliches Elternteil zu haben und somit rechtlich weniger abgesichert zu sein (vgl. Rupp 2009b: 26). Neueste rechtliche Entwicklungen schaffen neue Möglichkeiten für gleichgeschlechtliche Paare, die ein Adoptivkind aufnehmen wollen oder aufgenommen haben: Nach der Klage einer Adoptivmutter, deren Lebenspartnerin das Adoptivkind ebenfalls adoptieren wollte, entschied das Bundesverfassungsgericht am 19.02.2013 in seinem Beschluss, 1 BvR 3247/09, dass das Verbot der Sukzessivadoption bei Eingetragener Lebenspartnerschaft verfassungswidrig ist (vgl. Bundesverfassungsgericht 2013a). Demnach ist es nun auch Lebenspartner_innen erlaubt, das Adoptivkind der Partnerin bzw. des Partners anschließend zu adoptieren, sodass das Kind schlussendlich 2 gleichberechtigte gesetzliche Elternteile hat. Dennoch bleibt gleichgeschlechtlichen Paaren die gemeinsame Adoption eines Kindes verwehrt, wodurch immer ein Zeitraum entsteht, in dem das Adoptivkind rechtlich weniger gut abgesichert ist.

Eine weitere besondere Benachteiligung, die das Lebenspartnerschaftsgesetz im Vergleich zur Ehe für gleichgeschlechtliche Paare nicht lösen kann, besteht im Steuerrecht, da Lebenspartner_innen nicht zusammen veranlagt werden und somit keine steuerrechtlichen Vorteile erhalten können. Dies ist besonders für das Familienleben von Lebenspartner_innen mit Kindern bedeutend, da hier erhebliche finanzielle Nachteile entstehen und keine Gleichberechtigung zur Ehe gilt. Auch hinsichtlich dieser Ungleichbehandlung wurde inzwischen ein Meilenstein gelegt: Am 7. Mai 2013 hat das Bundesverfassungsgericht in seinem Beschluss, 2 BvR 909/06, entschieden, dass die Ungleichbehandlung in den §§ 26, 26b, 32a Absatz 5 des Einkommenssteuergesetzes (EStG) zum Ehegattensplitting mit dem allgemeinen Gleichheitssatz des Art. 3 Abs. 1 GG nicht vereinbar ist (vgl. Bundesverfassungsgericht 2013b). Diesem Beschluss musste dann auch der Deutsche Bundestag nachkommen: Am 26.06.2013 hat der Finanzausschuss einstimmig dem von den Koalitionsfraktionen CDU/CSU und FDP eingebrachten Entwurf eines Gesetzes zur Änderung des Einkommenssteuergesetzes zugestimmt (vgl. Deutscher Bundestag 2013). Demnach können nun auch Eingetragene Lebenspartnerschaften von den Splittingtarifen im Einkommenssteuerrecht profitieren und sich erhebliche finanzielle Vorteile sichern. Dies ist auch nachträglich bis zum 01.8.2001 möglich, also mit Inkrafttreten des Lebenspartnerschaftsgesetzes. Ob auch bereits rechtsgültige Steuerbescheide rückwirkend zugunsten der Lebenspartner_innen verändert werden können, ist noch unklar (vgl. Deutscher Bundestag 2013).

Diese künftige Änderung des Einkommenssteuergesetzes hat nicht nur für eingetragene Lebenspartner_innen finanzielle Vorteile, sondern auch für die mit ihnen lebenden Kinder. Da es sich sowohl bei der Entscheidung zur Sukzessivadoption als auch bei der Entscheidung zum Einkommenssteuergesetz aber um sehr aktuelle Änderungen handelt, sind konkrete Auswirkungen und Bedeutungen für Lebenspartnerschaften und ihre Kinder noch nicht dokumentiert.

2.2 Familienplanung und Familienentstehung

Wird von gleichgeschlechtlichen Paaren mit Kindern und ihrer Familienplanung und -entstehung gesprochen, so ist die Unterscheidung zwischen Familien mit Kindern aus heterosexueller Vergangenheit und Familien, in denen die Kinder in die gleichgeschlechtliche Partnerschaft hineingeboren wurden, bedeutend.

Familien mit Kindern aus heterosexueller Vergangenheit
Eine große Gruppe der gleichgeschlechtlichen Paare mit Kindern besteht aus einem leiblichen Elternteil (meist der leiblichen Mutter), ihrem Kind oder ihren Kindern aus einer heterosexuellen vorherigen Beziehung und einer neuen (Lebens-)Partnerin. Auch leibliche Väter leben mit Kind oder Kindern und neuem (Lebens-)Partner zusammen, wobei diese Konstellation weitaus seltener ist, da nach einer Trennung Kinder oftmals bei ihrer leiblichen Mutter leben (vgl. Rupp/Dürnberger 2010: 76). Nichtsdestotrotz stellen auch diese schwulen Väter und ihre Kinder Familien dar, da sie in den meisten Fällen Kontakt zueinander haben, Zeit miteinander verbringen und somit Bezugspersonen für ihre Kinder sind.

Von großer Bedeutung für das Zusammenleben von gleichgeschlechtlichen Paaren mit Kindern, die aus einer heterosexuellen Vergangenheit eines leiblichen Elternteils stammen, ist, dass diese Kinder meist sowohl das Coming-Out der lesbischen Mutter oder des schwulen Vaters und die Trennung der Familie bzw. der leiblichen Eltern bewusst miterlebt haben und diese Erfahrungen verarbeiten mussten bzw. müssen (vgl. Eggen 2010: 52; Rupp/Dürnberger 2010: 76). Nicht nur das Kind bzw. die Kinder, sondern auch der leibliche Elternteil und ihre neue Partnerin bzw. sein neuer Partner müssen mit der neuen Lebens- und Familienkonstellation zurechtkommen. Besonders bedeutend bei Kindern aus einer heterosexuellen Vergangenheit ist die Trennung von dem leiblichen Elternteil, bei dem das Kind nicht lebt bzw. nicht mehr leben wird (vgl. Rupp/Dürnberger 2010: 76). In diesen Familien stellt sich, wie auch bei heterosexuellen Paaren mit Kindern nach einer Trennung oder Scheidung, die Frage, wie sich die Beziehung zwischen Kind und extern lebendem Elternteil entwickelt und wie sie gestaltet wird. Hierbei spielt auch eine wichtige Rolle, dass der extern lebende Elternteil meist ebenfalls das Sorgerecht inne hat (vgl. ebd.: 77).

Familien mit Kindern aus aktueller Partnerschaft
Eine zweite große Gruppe der gleichgeschlechtlichen Paare mit Kindern stellen lesbische und schwule Paare dar, die sich dafür entscheiden, gemeinsam ein Kind großzuziehen und dieses innerhalb der gleichgeschlechtlichen Beziehung bekommen.

War in früheren Studien die Zahl der gleichgeschlechtlichen Partnerschaften mit Kindern aus der aktuellen Beziehung eher klein (vgl. Eggen 2010: 52), so zeigen neuere Studien, dass diese Art der Familienentstehung inzwischen bei fast der Hälfte der gleichgeschlechtlichen Partnerschaften mit Kindern Hintergrund der Familie ist (vgl. Rupp/Dürnberger 2010: 72; Rupp 2009a: 87). In der Kölner Studie „Wir sind Eltern!" machen die gleichgeschlechtlichen Paare, die mit Kindern aus heterosexueller Vergangenheit zusammenleben, nur 19 Prozent aus (vgl. Frohn/Herbertz-Floßdorf/Wirth 2011: 16). 65 Prozent der Kinder wurden in die aktuelle gleichgeschlechtliche Beziehung hineingeboren oder in diese aufgenommen (vgl. ebd.: 20).

Für lesbische Frauen und schwule Männer mit Kinderwunsch gibt es in Deutschland verschiedene Möglichkeiten Eltern zu werden, wobei sich die Situation für Männer wesentlich schwieriger gestaltet (vgl. Rupp/Dürnberger 2010: 70). Grundsätzlich gemeinsam haben homosexuelle Paare mit Kinderwunsch, dass dieser sehr intensiv und lange durchdacht wurde und sowohl Wege in die Familie als auch Konsequenzen einer homosexuellen Elternschaft für das Kind gut überlegt wurden (vgl. Gartrell et al 1996: 279). Es handelt sich um „geplante lesbische Familien" (Herrmann-Green o. J.: 2) (und geplante schwule Familien). Kinder, die in eine homosexuelle Elternschaft hineingeboren werden, sind stets absolute Wunschkinder (vgl. Gartrell et al 1996: 279), da eine Schwangerschaft aufgrund biologischer Gegebenheiten nicht zufällig passiert, sondern enormen Planungsaufwand bedarf. Frauen- und Männerpaare, die ein Kind bekommen wollen, stehen vor vielen Entscheidungen, die sie bewusst treffen müssen, sei es die Wahl des Spenders oder die biologische Mutterschaft bei lesbischen Paaren und die Ausgestaltung der Elternschaft in der Beziehung (vgl. Bergold/Rupp 2011: 122; Rupp/Dürnberger 2010: 64).

Für lesbische Frauen, die Mütter werden wollen, besteht neben der Pflege- und Adoptionsfamilie die Möglichkeit, sich durch eine Schwangerschaft den Kinderwunsch zu erfüllen. Zu dieser Schwangerschaft können sie entweder durch donogene Insemination (auch heterologe Insemination[5] genannt) oder seltener durch heterosexuellen Geschlechtsverkehr gelangen. Bei der donogenen Insemination gibt es außerdem verschiedene Möglichkeiten: Sie kann privat mit Hilfe eines bekannten Spenders, z. B. einem (schwulen) Freund oder aber bei einer Samenbank durchgeführt werden. Es bestehen also Unterschiede hinsichtlich der Anonymität des Spenders: Bekannte Spender und unbekannte Spender, wobei letztere weiterhin in anonyme Spender (auch „Nein-Spender") und *identity-release* Spender (auch „Ja-Spen-

---

5 heterologe Insemination: Insemination von Spendersamen

der"), also Spender, deren Identität unter bestimmten Voraussetzungen, z. B. Volljährigkeit des Kindes, freigegeben wird, unterteilt werden (vgl. Herrmann-Green/ Herrmann-Green 2008: 319).

In Deutschland jedoch haben lesbische Paare keinen Zugang zu assistierter Reproduktionsmedizin, da die Richtlinien der Bundesärztekammer Ärzt_innen davon abraten, lesbischen und alleinstehenden Frauen zu einer Schwangerschaft zu verhelfen (vgl. Bundesärztekammer 2006: 4).

Lesbische Frauen, die schwanger werden wollen, müssen sich oftmals, wenn eine private Spende ausgeschlossen wurde, an Samenbanken im Ausland wenden, da auch deutsche Samenbanken meist kein Sperma an lesbische Paare verkaufen. Online-Recherchen ergaben, dass in Deutschland eine Samenbank offiziell auch Sperma an lesbische Frauen verkauft (vgl. SEJ Samenbank Berlin o. J.) und eine weitere zumindest unter Umständen auch mit lesbischen Frauen zusammenarbeitet (vgl. Erlanger Samenbank o. J.). Die Inanspruchnahme von Spendersamen einer Samenbank ist jedoch mit erheblichen finanziellen Kosten und zeitlichem Aufwand verbunden, da meist mehrere Versuche durchgeführt werden müssen, bis es zur gewünschten Schwangerschaft kommt. Lesbische Paare, die ihren Kinderwunsch realisieren wollen, sind also häufig einem hohen finanziellen Aufwand, immenser zeitlicher Inanspruchnahme (sowohl bei der Suche nach einem geeigneten Spender oder einer Samenbank als auch bei der eventuell mehrmaligen Fahrt zur Samenbank, meist sogar ins Ausland) und emotionaler Belastung ausgesetzt. Sind diese Hürden jedoch überwunden, so befinden sich viele lesbische Paare in der Situation, mit einem Wunschkind schwanger zu sein und bald gemeinsam Mütter zu werden.

Für schwule Paare hingegen gestaltet sich das Väterwerden durchaus problematischer. Das Embryonenschutzgesetz (ESchG) verbietet in Deutschland die Leihmutterschaft (§ 1 Abs. 1 Nr. 7), sodass es schwulen Paaren nicht möglich ist, eine Frau damit zu beauftragen, ein Kind auszutragen, welches beide Väter dann miteinander großziehen. Die Verwirklichung des Wunsches nach einem leiblichen Kind wäre z. B. mit einer lesbischen Freundin denkbar, wobei dann das Kind meist nicht allein von den beiden Vätern großgezogen wird, sondern dies in der Konstellation einer *Queerfamily*[6] erfolgen würde. Problematisch hierbei ist wiederum, dass nur der leibliche Vater das Sorgerecht des Kindes innehat, der soziale Vater/Co-Vater[7] aber keine Rechte dem Kind gegenüber besitzt.

---

6 Queerfamily (oder Queer-Family): Englischer Begriff für Familien, in denen lesbische Mütter und schwule Väter gemeinsam Kinder erziehen. Deutsch: quere Familien.
7 Sozialer Vater/Co-Vater: Begriffe für nichtleibliche Vaterschaft; analog dazu soziale Mutter/Co-Mutter

Auch die Erfüllung des Kinderwunsches durch Pflegschaft oder Adoption ist zwar theoretisch für eine schwule Lebenspartnerschaft möglich, jedoch selten, da auf ein zur Pflegschaft oder Adoption freigegebenes Kind eine hohe Zahl an heterosexuellen Ehepaaren kommt, die bei der Wahl bislang bevorzugt werden (vgl. Rupp 2009b: 26). Dass ein Adoptivkind bei einem gleichgeschlechtlichen Paar rechtlich weniger gut abgesichert war, sprach ebenfalls oft gegen eine Vermittlung (vgl. ebd.). Ob die Möglichkeit der Sukzessivadoption diese Tatsache ändert oder geändert hat, ist noch nicht dokumentiert.

2.3 Familienmodelle

Entsprechend der Vielzahl an Möglichkeiten, wie gleichgeschlechtliche Partnerschaften mit Kindern entstehen, gestalten sich die Möglichkeiten der Familienmodelle sehr vielseitig. Folgende Modelle können bei gleichgeschlechtlichen Paaren entstehen:

- Ein gleichgeschlechtliches Paar ohne oder mit Eingetragener Lebenspartnerschaft mit Kind/Kindern aus heterosexueller Vergangenheit:
  - Kind hat Kontakt zu extern lebendem Elternteil.
  - Kind hat keinen Kontakt zu extern lebendem Elternteil.
  - Es hat eine Stiefkindadoption durch den sozialen Elternteil stattgefunden (nur bei eingetragener Lebenspartnerschaft).
  - Es hat keine Stiefkindadoption stattgefunden und das Sorgerecht haben beide leiblichen Elternteile.
- Ein gleichgeschlechtliches, lesbisches Paar ohne oder mit Eingetragener Lebenspartnerschaft mit Kind/Kindern, das/die in die aktuelle Partnerschaft hineingeboren wurde/n:
  - Es wurde eine Stiefkindadoption durchgeführt (nur bei Eingetragener Lebenspartnerschaft).
  - Es wurde keine Stiefkindadoption durchgeführt und das Sorgerecht hat nur der leibliche Elternteil.
  - Der Spender ist unbekannt und spielt keine Rolle im Familienleben.
  - Der Spender ist bekannt, spielt aber keine (große) Rolle im Familienleben.
  - Der Spender ist bekannt und spielt (in unterschiedlichem Umfang) eine aktive Rolle im Familienleben.

- Queerfamily:
    - Ein lesbisches und ein schwules Paar ziehen zusammen ein Kind groß, die einzelnen Rollen der leiblichen und sozialen Elternteile sind dabei unterschiedlich definiert.
    - Ein lesbisches Paar hat mit einem schwulen Freund ein Kind gezeugt und die Erziehung erfolgt gemeinschaftlich.
    - Ein schwules Paar hat mit einer lesbischen Freundin ein Kind gezeugt und die Erziehung erfolgt gemeinschaftlich.
- Ein gleichgeschlechtliches Paar nimmt ein Kind zur Pflegschaft im Haushalt auf:
    - Das Kind hat Kontakt zur Herkunftsfamilie und sie spielt eine Rolle im Familienleben.
    - Das Kind hat Kontakt zur Herkunftsfamilie, sie spielt aber im Familienleben keine bedeutende Rolle.
    - Das Kind hat keinen Kontakt zur Herkunftsfamilie.
- Ein gleichgeschlechtliches Paar lebt mit einem Adoptivkind zusammen, wobei vorerst nur eine Person der Partnerschaft das Kind adoptiert hat oder anschließend eine Sukzessivadoption stattgefunden hat.
- Weitere Konstellationen, die weitere Familienmitglieder, Freunde und Bekannte zum Familienmodell zählen.

Die verschiedenen möglichen Familienmodelle zeigen, dass Familien, in denen ein gleichgeschlechtliches Paar ein oder mehrere Kinder großzieht, mindestens so vielfältig sind, wie Familien mit verschiedengeschlechtlichen Eltern (vgl. Eggen/Rupp 2011: 34).

2.4 Leben im Alltag

Neben den Möglichkeiten der Familienentstehung untersuchten Forscher_innen ebenfalls das alltägliche Leben von gleichgeschlechtlichen Paaren mit Kindern. Entsprechend dem reell häufigeren Auftreten von 2 lesbischen Müttern mit Kind oder Kindern wurden Schwerpunkte oftmals auf die Untersuchung von lesbischen Frauen und ihren Familienalltag mit Kindern gesetzt. Aspekte des Alltags sind hierbei oft die Aufgabenteilung zwischen Eltern, die Ausgestaltung der Elternrollen und die Beziehung zwischen Eltern und Kind, vor allen Dingen zwischen sozialem Elternteil und Kind (vgl. Rupp 2009: 125ff.). Die Erkenntnisse sollen hier kurz dargelegt werden.

2.4.1 Aufgabenteilung

Verschiedene Studien berichten von egalitär gestalteter Aufgabenteilung in gleichgeschlechtlichen, vor allem lesbischen Partnerschaften mit Kindern (vgl. Rupp 2009: 295). Dies bezieht sich auf den Bereich der Erwerbsarbeit, der kindbezogenen Tätigkeiten und die Übernahme von im Haushalt anfallenden Aufgaben.

Die repräsentative Studie des Bundesjustizministeriums zu Kindern in gleichgeschlechtlichen Lebenspartnerschaften hat in Bezug auf die Aufgabenverteilung innerhalb der Partnerschaft mehrere Ergebnisse hervorgebracht: Erstens wird aufgezeigt, dass sich in gleichgeschlechtlichen Partnerschaften höhere Erwerbspartizipation finden lässt, das heißt, dass öfter beide Partner_innen erwerbstätig sind. Auch die Kölner Studie „Wir sind Eltern!" zeigt mit 86 Prozent Berufstätigkeit der befragten Eltern in Voll- (61 %) oder Teilzeit (25 %) eine hohe Erwerbspartizipation auf (vgl. Frohn/Herbertz-Floßdorf/Wirth 2011: 11). Der Umfang der Erwerbstätigkeit ist jedoch vor allem beim leiblichen Elternteil vom Alter des Kindes abhängig, sodass in den ersten Jahren der Elternschaft der leibliche Elternteil seine Erwerbstätigkeit entweder niederlegt oder zumindest herunterschraubt und der soziale Elternteil voll erwerbstätig ist (vgl. Rupp 2009: 295). Dies lässt sich unter anderem mit den natürlich gegebenen Vorteilen der leiblichen Elternschaft erklären, z. B. dem Stillen des Kindes durch die leibliche Mutter. In den ersten Lebensjahren des Kindes kann also eine Analogie zwischen gleichgeschlechtlichen und heterosexuellen Paaren mit Kindern gefunden werden, bei denen die Mutter in den ersten Jahren der Elternschaft ihre Erwerbstätigkeit niederlegt, um sich um die Kinderversorgung zu kümmern und der Vater erwerbstätig bleibt (vgl. Dürnberger 2011: 164).

Kindbezogene Tätigkeiten, wie Kinderbetreuung, Versorgung, Freizeitgestaltung etc., werden größtenteils egalitär verteilt, das heißt entweder gemeinsam oder abwechselnd verrichtet. Dies bezieht sich sowohl auf die gesamte Kinderbetreuung als auch auf einzelne Tätigkeiten bei kindbezogenen Aufgaben (vgl. Rupp 2009: 295; Dürnberger 2011: 161). Die Kölner Studie „Wir sind Eltern!" berichtet bei 75 Prozent der Familien von einer gleichen Verteilung der Erziehungsaufgaben (vgl. Frohn/Herbertz-Floßdorf/Wirth 2011: 25).

Eine ähnlich egalitäre Verteilung ist bei haushaltsbezogenen Tätigkeiten festzustellen, vor allem in Familien, in denen das Kind in die bestehende gleichgeschlechtliche Beziehung hineingeboren wurde. So werden Aufgaben im Haushalt entweder gemeinsam oder abwechselnd übernommen. Außerdem ist auffällig, dass in gleichgeschlechtlichen Partnerschaften mit Kindern bspw. öfter auch Haushaltshilfen für bestimmte Aufgaben miteinbezogen werden (vgl. Rupp 2009: 295).

Andere Studien zeigen ähnliche Ergebnisse bezüglich egalitärer und demokratischer Aufgabenverteilung im familialen Kontext gleichgeschlechtlicher Paare mit Kindern (vgl. Gartrell et al 1999: 365).

2.4.2 Ausgestaltung der Elternrollen und Erziehungsverhalten

Analog der Vielseitigkeit der Familienmodelle ist auch die Ausgestaltung der Elternrollen vielseitig und reicht von Konzepten mit gleichen oder ähnlichen Rollen der beiden Elternteile über freundschaftliche Elternrollen bis hin zu Konzepten, in denen nur der leibliche Elternteil eine Elternrolle mit Erziehungsverantwortung übernimmt.

Ungeachtet der Ausgestaltung der Elternrollen sehen sich gleichgeschlechtliche Paare in der Situation, kein traditionelles Rollenbild für ihre Familienform vorzufinden, in das die oder der Beteiligte schlüpfen kann. Dies hat sowohl Vor- als auch Nachteile: Elternrollen können innovativ und den individuellen Gegebenheiten der Familie entsprechend ausgestaltet werden; gleichzeitig gibt es für diese Elternrollen keine oder kaum Vorbilder und somit auch keine Orientierungsmöglichkeiten (vgl. Thorn 2010: 380).

Die Ausgestaltung der Elternrollen und das Erziehungsverhalten der beteiligten Personen sind in hohem Maße von der Biografie des Kindes und der Familie abhängig, z. B. sind die Elternrollen in gleichgeschlechtlichen Partnerschaften mit Kindern aus heterosexueller Vergangenheit teilweise anders gestaltet, als in Familien, in denen das Kind in die gleichgeschlechtliche Beziehung hineingeboren wurde. Bedeutend ist immer wieder die Frage, wie sich leibliche und soziale Elternschaft in gleichgeschlechtlichen Beziehungen mit Kindern gestaltet.

Rupp berichtet in ihrer Studie von einem grundsätzlich hohen Engagement des sozialen Elternteils im Familienalltag. In Familien, in denen das Kind in die Beziehung geboren wurde, besteht fast gleiche Erziehungsbeteiligung von leiblichem und sozialem Elternteil (96 %) und ein ebenfalls hoher Wert ist für Familien mit Kindern aus vergangener Beziehung zu finden: 79 Prozent der sozialen Eltern sehen sich als gleichberechtigte Erziehungspersonen (vgl. Rupp 2009a: 126f.). Auch andere Studien zeigen, dass sich Eltern (bzw. Mütter) größtenteils als gleichberechtigte Erziehungspersonen verstehen, wenn das Kind in die aktuelle Beziehung geboren wurde (vgl. Gartrell et al 1999: 365).

Das konkrete Erziehungsverhalten kann als in hohem Maße engagiert beschrieben werden, was sowohl auf leibliche als auch auf soziale Elternteile zutrifft. Den Kindern Wärme, Liebe und Geborgenheit zu vermitteln, scheint ein großes Ziel der Erziehung zu sein; ebenso werden die Beachtung von Grenzen, welche in ihrer Strenge variieren und das Vermeiden von harten Bestrafungen als bedeutend im Erziehungsstil erachtet (vgl. Rupp 2009a: 132).

2.5 Beziehung zwischen Eltern und Kind

Große Bedeutung wird der Beziehung von sozialem Elternteil und Kind zugemessen, da hier eine Besonderheit der Familie mit gleichgeschlechtlichen Eltern und Kindern liegen kann.

Rupp untersucht in ihrer Studie Beziehungscharakteristika von sozialen Elternteilen und Kindern, die aus einer vergangenen Beziehung der Partnerin oder des Partners stammen: Mehr als die Hälfte der sozialen Eltern (52 %) bezeichnen die Beziehung als Eltern-Kind-Beziehung, ein weiterer Großteil (43 %) als freundschaftlich, nur selten (5 %) ist die Beziehung distanziert und in Ausnahmefällen kaum vorhanden (vgl. Rupp 2009a: 126). Möglich ist auch, dass die Beziehung zwischen sozialem Elternteil und Kind von dessen Beziehung zu seinem extern lebenden leiblichen Elternteil beeinflusst wird.

Die Beziehung zwischen Eltern und Kind wird ebenfalls von der Art bestimmt, wie das Kind auf die Erziehungsbeteiligung des sozialen Elternteils reagiert. Rupp stellt fest, dass Kinder aus der aktuellen Beziehung in ihrer Reaktion kaum (97 %) zwischen leiblichem und sozialem Elternteil unterscheiden, sondern beide Personen als Erziehungsbeteiligte respektieren. Auch Kinder aus vergangener Beziehung respektieren größtenteils (89 %) Anweisungen des neuen sozialen Elternteils. Dies bestätigen soziale Elternteile: 98 Prozent mit Kindern aus der aktuellen Beziehung und 81 Prozent mit Kindern aus vergangener Beziehung fühlen sich als Erziehungsperson respektiert (vgl. ebd.: 129f.).

Weiterhin von besonderer Bedeutung für Kinder, die aus einer vergangenen Beziehung stammen, ist die Beziehung zum getrennt lebenden Elternteil. Rupps Studie zeigt, dass 2 Drittel der 123 befragten Kinder und Jugendlichen aus gleichgeschlechtlichen Lebensgemeinschaften regelmäßig (31,6 %) oder unregelmäßig (34,7 %) Kontakt zu ihrem getrennt lebenden leiblichen Elternteil haben. Damit liegt der Wert signifikant höher als in den Vergleichsgruppen der Stiefvater- und Mutterfamilien. 25,3 Prozent der Kinder und Jugendlichen aus gleichgeschlechtlicher Partnerschaft haben einmal im Jahr oder seltener Kontakt zu ihrem extern lebenden leiblichen Elternteil und nur 8,4 Prozent haben nie Kontakt zu diesem gehabt (vgl. Rupp 2009a: 247f.). Auch die Kölner Studie „Wir sind Eltern!" beschäftigt sich mit dem Kontakt der Kinder zur ihrem extern lebenden Elternteil: Von den Kindern, die getrennt von ihrer Mutter leben (35 Kinder), haben 54 Prozent wöchentlich oder mehrmals wöchentlich Kontakt zu dieser; von den Kindern, die getrennt von ihrem Vater leben (72 Kinder), haben 39 Prozent wöchentlich oder mehrmals wöchentlich Kontakt zu diesem (vgl. Frohn/Herbertz-Floßdorf/Wirth 2011: 24f.).

2.6 Psychosoziale Bedingungen

Wissenschaftliche Diskurse über gleichgeschlechtliche Paare mit Kindern thematisieren oftmals psychosoziale Bedingungen sowohl der Eltern als auch der Kinder, die hier innerhalb der Themenbereiche Diskriminierung und Coming-Out diskutiert werden.

2.6.1 Diskriminierungserfahrungen

Da laut Jennessen/Kastirke/Kotthaus (2013: 36) Diskriminierungen oft mehrdimensional und damit nur schwer einzelnen Merkmalen zuzuordnen sind, kann nicht immer eindeutig geklärt werden, ob ein Kind nun wegen der sexuellen Orientierung seiner Eltern, der eigenen Persönlichkeit oder aufgrund von Zuschreibungen, die ihm oder seinen Eltern zuteil werden, diskriminiert wird.

Der Aspekt der sexuellen Identität (der Eltern) als Grund für Diskriminierungen von Kindern ist bisher vornehmlich für den Grundschulbereich und die sich anschließende Lebensspanne erforscht worden. Die bekannte Studie „School is out" setzt im biographischen Alter des Grundschulbereichs an. Lediglich in der Kölner Untersuchung „Wir sind Eltern! Eine Studie zur Lebenssituation Kölner Regenbogenfamilien" aus dem Jahr 2011 wird auch der vorschulische Bereich tangiert. 4 Prozent (n=177) der Befragten berichten hier, dass ihre Kinder diskriminierende Erfahrungen im Kindergarten gemacht hätten, die sich durch das Auslachen ihrer Kinder aufgrund der häuslichen Familiensituation gezeigt hätten. 44 Prozent der Befragten fühlen sich durch ihre Lebenssituation insgesamt stärker belastet als andere Familien – unabhängig von konkreten Diskriminierungserfahrungen (vgl. Frohn/Herbertz-Floßdorf/ Wirth 2011: 39). In der Aussage eines befragten Elternteils heißt es hierzu:

„Wir haben im Kindergarten [...] empörende Erfahrungen gemacht und auch die sehr netten Erzieherinnen in unserem jetzigen städtischen Kindergarten befassen sich jetzt durch uns zum ersten Mal mit dem Thema.

Unser Glück, dass sie so offen sind. Das Regenbogenthema gehört unbedingt in die fachliche Ausbildung hinein. Unser Kind bekommt schon mit, dass es ungefähr so exotisch ist wie ein Mars-Weibchen. Das ist nicht gut" (Frohn/Herbertz-Floßdorf/Wirth 2011: 41).

Die triangulativ angelegte Studie enthält in ihrem qualitativen Teil auch wertschätzende Erfahrungen gleichgeschlechtlicher Eltern mit anderen Eltern. So berichtet ein schwuler Vater:

„Auf der Karnevalsfeier der Kita sprach mich eine türkische Mutter eines Mädchens an, mit der (Name des Sohnes) häufig spielt und mit der wir uns deswegen immer mal wieder kurz aber freundlich unterhalten. Sie sagte sinngemäß, dass sie total froh sei (Name Partner) und mich kennen gelernt zu haben. Früher habe sie immer große Angst gehabt, dass ihr etwas zustoßen könne, da sie sicher sei, dass ihr Mann nicht mit den beiden Kindern klar käme. Nun wisse sie, dass auch Männer (ohne Frauen) Kinder gut erziehen könnten. Diese Erfahrung habe ihr viel Angst um ihre Kinder genommen" (Frohn/Herbertz-Floßdorf/Wirth 2011: 63).

Hier ermöglicht die positive Erfahrung von Diversität einen Einstellungswandel, der mit der Abkehr von festgelegten geschlechtsspezifischen Rollenbildern einhergeht. Interessant ist an den verfügbaren Daten zudem, dass eine Analyse der Bildungssituation dieser Familien ein gegenüber dem Bevölkerungsdurchschnitt deutlich höheres Bildungsniveau aufweist. Das heißt, dass Kinder in Familien mit homosexuellen Eltern bezüglich ihrer zukünftigen Bildungsbiografie besonders günstige Startvoraussetzungen vorfinden.

Der Tatsache, dass sich auch in Deutschland neue Familienmodelle und verwandtschaftliche Bezugsmodelle entwickeln und diese den sozialen Hintergrund vieler Schüler_innen bestimmen, haben sich Streib-Brzič/Quadflieg (2011) gewidmet. Dies geschieht vorrangig im Hinblick auf Diskriminierungserfahrungen für Kinder und Eltern in den Regenbogenfamilien. Vorurteile gegenüber gleichgeschlechtlichen Paaren sind tief verwurzelt und beeinflussen auch den Schulalltag. Bisher kamen alle Studien, die sich seit den 80er Jahren mit der Gleichstellung und der Entstehung von Vorurteilen in diesem Feld befassen, zu dem Ergebnis, „dass sich Kinder, die mit LGBTQ-Eltern aufwachsen, in ihrer Entwicklung nicht von denen unterscheiden, die von heterosexuellen Eltern erzogen werden. Die Forscher_innen resümieren, dass Kinder aus Regenbogenfamilien tendenziell eine höhere soziale Kompetenz zeigen, respektvoller auf Unterschiede reagieren und reflektiertes Verständnis von sexueller

Identität haben" (Streib-Brzič/Quadflieg 2011: 7). Weiterhin wird ausgeführt, dass „Kinder durch die LGBTQ-Lebensform ihrer Eltern von Diskriminierung und Stigmatisierung, also sowohl von direkten und indirekten Formen von Gewalt als auch von intentionalen und nicht intentionalen Diskriminierung [sic!], betroffen sind.

Diese Ausformungen von Gewalt und Diskriminierung können, da sie Bezüge zu der sexuellen Orientierung der Eltern herstellen, als homophob identifiziert werden" (Streib-Brzič/Quadflieg 2011: 7).

Gleichwohl benennen die Autor_innen die fehlende Fokussierung auf die Kinder und führten daher 124 offene leitfadengestützte Interviews mit Kindern, Eltern und pädagogischen Expert_innen in 3 Ländern (Schweden, Slowenien, Deutschland) durch. Ziel war es, Diskriminierungserfahrungen zu analysieren und Strategien zur Vermeidung von und zum Umgang mit Diskriminierung in einem heteronormativen Umfeld zu entwickeln.

Diskriminierungserfahrungen der Eltern im familialen Kontext
Diskriminierungserfahrungen in gleichgeschlechtlichen Partnerschaften wird ebenfalls Bedeutung zugemessen, da sie die Befindlichkeit der Familie betreffen und diese beeinflussen können.

Rupp berichtet in ihrer Studie, dass 47 Prozent aller Befragten mindestens einmal Diskriminierung oder Ablehnung aufgrund der Sexualität erfahren haben. Besonders bedeutend hierbei ist, dass die Ablehnung nicht selten aus der eigenen Herkunftsfamilie stammt (27 %) und somit besonders belastend für die Betreffenden ist. Neben den eigenen Eltern werden Arbeitskollegen_innen oder Personen aus dem Umfeld des Kindes (14 %), Nachbarn oder Freunde (11 %) und Behörden (10 %) als Ursprung von diskriminierendem Verhalten genannt (vgl. Rupp 2009a: 149).

Neben Diskriminierung, die von Individuen der Gesellschaft ausgeht, stellt institutionalisierte Diskriminierung die eigentliche Herausforderung für gleichgeschlechtlichen Paare mit Kindern im familialen Kontext dar (vgl. Herrmann-Green o. J.: 10). Zwar wurden und werden gesetzliche Rahmenbedingungen immer mehr der Lebenswelt gleichgeschlechtlicher Paare mit Kindern angepasst, z. B. durch die Stiefkindadoption oder die gemeinsame Veranlagung der Eltern im Steuerrecht, doch sehen sich Regenbogenfamilien immer noch häufig in der Situation, nicht als Familie angesehen zu werden. Dies kann sich in alltäglichen und grundsätzlichen Situationen zeigen, z. B. wenn der soziale Elternteil keinen Anspruch auf Elternzeit oder Ehegattenzuschlag bekommt, die Familie bei Vergünstigungen keinen Familientarif bekommt oder gleichgeschlechtliche Paare mit Kindern ihre Familienform in Formularen nicht wiederfinden, da lediglich nach Mutter und Vater des Kindes gefragt wird.

Diskriminierungserfahrungen der Kinder
Verschiedene Studien haben die Erfahrungen der Kinder mit Diskriminierung aufgrund ihrer Familienform untersucht. Die Studien kommen dabei teilweise zu unterschiedlichen Ergebnissen.

Rupp stellt fest, dass Kinder homosexueller Eltern in verschiedenem Umfang und auf verschiedene Art und Weise Diskriminierungen und Benachteiligungen aufgrund ihrer Familienform erleben können. In ihrer Studie geben 47 Prozent der 95 befragten Kinder und Jugendlichen an, Benachteiligungen aufgrund ihrer Lebenssituation zu erfahren, 52 Prozent erleben dies nicht. Außerdem kann zwischen der Häufigkeit und der Art und Weise unterschieden werden. 88 Prozent dieser Betroffenen geben an, dass die erfahrenen Diskriminierungen von Gleichaltrigen ausgingen, 20 Prozent erfahren diese durch ältere Kinder und Jugendliche und 9 Prozent durch Erwachsene (vgl. Rupp 2009a: 258f.). Da die meisten Diskriminierungen von Gleichaltrigen ausgehen, wird auch meistens die Schule als Ort für diese Erfahrungen genannt (81 % von 93 Befragten) (vgl. ebd.: 153).

Streib-Brziĉ und Quadflieg berichten in ihrer Studie über Erfahrungen von Kindern aus Regenbogenfamilien an Schulen, dass keines der befragten Kinder physische Gewalt aufgrund der Lebens- und Familiensituation im Kontext Schule gemacht hat (vgl. Streib-Brziĉ/Quadflieg 2011: 32). Sie berichten hingegen von verschiedenen verbalen und nonverbalen Erlebnissen, die sie auf ihren familialen Kontext beziehen und als unangenehm bis diskriminierend empfinden (vgl. ebd.: 22).

Carapacchio kommt in ihrer Studie zu dem Ergebnis, dass 37 Prozent der befragten Kinder und Jugendlichen einmal oder öfter Diskriminierungen aufgrund ihres familialen Kontextes erfahren haben (vgl. Carapacchio 2009: 158). Gleichwohl verneinen 80 Prozent der 46 Befragten die direkte Frage nach Diskriminierung aufgrund der Homosexualität der Eltern (vgl. ebd.: 143).

Auch die amerikanische Langzeitstudie (NLFS) stellt fest, dass Kinder homosexueller Eltern bzw. lesbischer Mütter Diskriminierungserfahrungen machen: So berichten 18 Prozent der teilnehmenden Mütter, dass ihre Kinder im Alter von 5 Jahren Diskriminierung („some form of homophobia") durch Peers oder Lehrer_innen erfahren haben (vgl. Gartrell et al 2000: 546). Laut Aussagen ihrer Mütter, gibt es bereits bei 43 Prozent der zehnjährigen Kinder Homophobieerfahrungen (vgl. Gartrell et al 2005: 522).

Wird über Diskriminierungserfahrungen von Kindern oder Jugendlichen gesprochen, so ist es wichtig zu beachten, dass diese allein kein Risiko für die Entwicklung des Kindes oder des Jugendlichen bedeuten müssen. Erst eine Anhäufung von Risiko- und das Fehlen von Schutzfaktoren haben einen negativen Einfluss auf die Entwicklung eines Individuums (vgl. Rupp 2009a: 257).

Auch Kinder, die sich aus anderen Gründen von der gesellschaftlich akzeptierten Norm unterscheiden, stehen vor der Herausforderung, mit negativen Erfahrungen umgehen zu müssen. Kinder, die aufgrund der Homosexualität ihrer Eltern Diskriminierungen erfahren, stellen somit keine Ausnahme dar, wenn allgemein Kinder und ihre Diskriminierungserfahrungen betrachtet werden. Besonders ist jedoch, dass gleichgeschlechtliche Paare ein hohes Bewusstsein für die Besonderheit ihrer Familie und somit für mögliche Diskriminierungserfahrungen ihrer Kinder haben und deshalb zu erwarten ist, dass diese adäquat damit umgehen können. Zudem finden sich in homosexuellen Partnerschaften Rollenbilder wieder, die oft den traditionellen Bildern von Weiblichkeit und Männlichkeit nicht entsprechen. Kinder in diesen Familien lernen früh, dass Frauen und Männer nicht in den für sie gesellschaftlich vorgesehenen Rollen verhaftet bleiben müssen. Vorstrukturierte Geschlechterrollen können Sicherheit vermitteln, aber auch ungemein hemmen.

Aus der Resilienzforschung ist bekannt, dass Widerstandskräfte sich immer dann entwickeln, wenn Kinder in sicheren Bindungen aufwachsen, die Halt und Orientierung bieten. Angemessene Unterstützung und Anerkennung sowie ein positives Erziehungsklima und soziale Unterstützung führen zu resilienten Persönlichkeiten, die auch in Diskriminierungssituationen handlungsfähig sind und erfolgreiche Lebensverläufe zeigen (vgl. Opp et al. 1999: 9ff).

Umgang mit Diskriminierung
Aufgrund der vorherrschenden gesellschaftlichen Meinung gegenüber homosexuellen Eltern mit Kindern stellen sich gleichgeschlechtliche Paare darauf ein, dass ihre Kinder im Kontext der Familienkonstellation auf Diskriminierung seitens ihrer Umwelt stoßen können. Studien belegen, dass gleichgeschlechtliche Paare, die Eltern werden wollen, schon vor der Geburt ihres Kindes über den Umgang mit möglichen negativen Erfahrungen bezüglich der Familiensituation nachdenken. Herrmann-Green findet in ihrer Studie heraus, dass ein Drittel der 105 befragten lesbischen Mütter Nichtakzeptanz und Diskriminierung ihrer Familie befürchten (vgl. Herrmann-Green/Herrmann-Green 2008: 327). Bewältigungsstrategien beim Umgang mit Diskriminierungserfahrungen können sowohl auf Seiten der Eltern als auch auf Seiten der Kinder beobachtet werden. Herrmann-Green berichtet von 5 Bewältigungsstrategien, die sie in ihrer Studie bei den Müttern identifizieren konnte:

- *valuing diversity*, die Wertschätzung von Vielfalt, welche in die Erziehung der Kinder einfließt;
- *maintaining open communication*, also die offene Kommunikation mit dem Kind;

- *instilling pride*, das heißt Förderung des Stolzes über Zugehörigkeit zur schwul-lesbischen Community („gay pride");
- *normalizing*, also das Normalisieren der Familienform, z. B. durch Kontakt zu anderen Regenbogenfamilien und
- *buffering*, dem Vorwegnehmen von Diskriminierung durch z. B. Thematisierung von Homophobie und Heterosexismus (vgl. ebd.: 328).

Diese verschiedenen Strategien sollen Kindern homosexueller Eltern dabei helfen, mit Homophobie und Diskriminierung bezüglich der Familienform umzugehen.

Auch Rupp berichtet, dass 63 Prozent der befragten Eltern Verhaltensregeln mit ihrem Kind besprochen haben, um Diskriminierungssituationen in Zukunft vorzubeugen. In der qualitativen Teilstudie haben die Eltern ebenfalls von Strategien zum Umgang mit Diskriminierung berichtet: Ausführliche Gespräche mit dem Kind zu diesem Thema, Kontakt zu anderen Regenbogenfamilien, der eigene selbstverständliche und offene Umgang der Eltern als Vorbild und die Erziehung des Kindes zu einem selbstbewussten Individuum werden als hilfreich erachtet. Auch nennenswert sind Kriterien bei der Auswahl der Bildungs- und Betreuungseinrichtungen, sodass die Gefahr der Ausgrenzung minimiert werden kann (vgl. Rupp 2009a: 154f.).

Die Reaktion der Kinder auf ausgrenzende und diskriminierende Erfahrungen ist von Individuum zu Individuum unterschiedlich und reicht von Ignorieren über Darüber-reden-wollen bis hin zu anschließenden Streitigkeiten. Rupp berichtet in ihrer Studie, dass 52 Prozent der betroffenen Kinder am ehesten verbal reagieren, 26 Prozent fliehen oder ziehen sich zurück und 25 Prozent ignorieren die Beleidigungen. Die Eltern von 22 Prozent der Betroffenen geben an, ihr Kind lasse abhängig von der Situation die Geschehnisse über sich ergehen, 20 Prozent fordern ihr Gegenüber auf, das Verhalten zu beenden und wieder 20 Prozent stellen die Täter_innen zur Rede; nur 7 Prozent reagieren aggressiv (vgl. Rupp 2009a: 154).

Carapacchio berichtet, dass auf ihre geschlossene Frage nach der Reaktion auf Gehänselt-werden von 15 Kindern die meisten (10) versuchen, die anderen nicht zu beachten, dicht gefolgt von (je 8) traurig sein, Weggehen, das Gespräch zu derjenigen oder demjenigen suchen und sie bzw. ihn fragen, warum sie oder er das tut (vgl. Carapacchio 2009: 146).

Streib-Brziĉ und Quadflieg beschreiben die Strategien der Kinder, mit ihren Diskriminierungserfahrungen umzugehen als „Normalisierungsstrategien", bei denen es um die Anpassung und Zuordnung zu dem im Umfeld gewünschten oder vorherrschenden Verhalten geht oder als „Strategien im Umgang mit De-Normalisierung" (Streib-Brziĉ/Quadflieg 2011: 23), womit die Reaktionen der Kinder auf das Verhalten gemeint sind, das sie de-normalisiert.

2.6.2 Coming Out

Die Bezeichnung „Coming Out" meint im Allgemeinen das Sichtbar- oder Bekanntmachen der Homosexualität eines Individuums nach außen. Für viele gleichgeschlechtlich orientierte Menschen stellt dieser Lebensabschnitt eine lange Phase dar, die teilweise durchaus als sehr belastend empfunden wird, da sie unter Umständen viele Veränderungen im Leben mit sich bringen kann.

Das Thema Coming Out spielt nicht nur im eigenen Leben homosexueller Menschen eine Rolle, sondern auch dann, wenn Kinder Teil einer gleichgeschlechtlichen Partnerschaft werden oder werden sollen.

Das Coming Out stellt im Kontext der Familie vor allen Dingen dann ein besonders heikles Thema dar, wenn eine heterosexuelle Partnerschaft oder Ehe besteht, aus der Kinder hervorgegangen sind und ein Elternteil nun seine Homosexualität offenbart. Es ist dann nicht nur die geoutete Person, die mit der neuen Situation umgehen muss, sondern auch die Partnerin oder der Partner und das gemeinsame Kind bzw. die gemeinsamen Kinder. Das Coming Out einer Person innerhalb einer heterosexuellen Beziehung zieht meist die Trennung des Paares und damit einhergehend auch die Trennung der Familie bzw. des Kindes von einem Elternteil nach sich. Für diese Kinder ist die Trennung der Eltern bzw. der Familie, genauso wie die Trennung bei heterosexuellen Eltern, besonders belastend. Hinzu kommt dann die Auseinandersetzung mit der Homosexualität eines Elternteils, die vom Alter des Kindes und der Beziehung zu sowohl dem homosexuellen Elternteil als auch dem anderen leiblichen Elternteil abhängig sein kann.

Für Kinder, die in eine gleichgeschlechtliche Partnerschaft geboren werden, hat das Coming Out der Eltern keine Bedeutung, da es in der Regel vor der Geburt des Kindes stattfindet und die Kinder ihre Familie erst einmal als normal und gut ansehen, so wie sie ist. Erst im Kontakt zu ihrer Umwelt, z. B. wenn sie in den Kindergarten kommen, fällt ihnen auf, dass die Familien der anderen Kinder anders sind als die ihre (vgl. Streib-Brziĉ/Quadflieg 2011: 21).

Wenn die Kinder jünger sind, entscheiden ihre Eltern, vor wem sie die Familie outen und vor wem nicht. So legen viele gleichgeschlechtliche Paare schon bei der Anmeldung ihres Kindes in Betreuungs- und Bildungseinrichtungen ihre Familienkonstellation offen, um Missverständnissen vorzubeugen und das Kind nicht in die Situation zu bringen, die Familienform erklären zu müssen. Wird das Kind aber älter, so möchte (oder muss) es selbst entscheiden dürfen, wen es in das Familienkonzept einweiht (vgl. Gerlach 2010: 297f.).

Für Familien mit gleichgeschlechtlichen Eltern ist das Coming Out ein Prozess, der sie, vor allem die Kinder, ein Leben lang begleitet, da sie ihre Familienform, vielleicht auf den ersten Blick nicht sofort erkennbar, ständig erklären müssen (vgl. ebd.). Somit sind auch mit dem Coming Out einhergehende Reaktionen des Umfeldes immer wieder Situationen, mit denen die Familie und insbesondere die Kinder umgehen müssen.

3. Untersuchung zur Lebenssituation lesbischer Mütter, schwuler Väter und ihrer Kinder in Dortmund

Die durchgeführte Untersuchung ist eine kommunale Studie, die dazu beitragen soll, gleichgeschlechtlichen Paaren mit Kindern, also Regenbogenfamilien, in bzw. aus Dortmund ein Gesicht zu geben. Es soll ein Überblick darüber geschaffen werden, wie Regenbogenfamilien in Dortmund leben, was sie ausmacht, was sie sich wünschen und was sie eventuell brauchen. Mit Hilfe dieser Studie sollen sowohl Wissen als auch Verständnis für die Lebensform der gleichgeschlechtlichen Partnerschaft mit Kindern geschaffen werden. Hierzu wird im ersten Schritt das der Untersuchung zugrunde liegende Forschungsdesign vorgestellt. Im Anschluss werden die gewonnenen Daten der Interviews dargestellt und abschließend die Ergebnisse des empirischen Teils mit den vorangegangenen theoretischen Erkenntnissen abgeglichen.

3.1 Forschungsdesign

Nach Flick steht moderne Sozialforschung vor der Aufgabe, neue Lebenswelten und Perspektiven, welche durch einen raschen sozialen Wandel entstanden sind, zu untersuchen. Pluralität und Individualität moderner Lebensentwürfe, welche sich auch in dieser Studie wiederfinden lassen, erfordern Sensibilität und Offenheit, die, in Abgrenzung zu quantitativen Methoden, nur qualitative Forschung bieten kann (vgl. Flick 2012: 22f.).

Um individuelle und subjektive Bedeutungen von Lebenswelten gleichgeschlechtlicher Paare mit Kindern zu verstehen, wurde somit auch für die Durchführung der vorliegenden Untersuchung ein qualitatives Vorgehen gewählt.

Methodisches Vorgehen
Der Untersuchung liegt die Idee des problemzentrierten Interviews nach Witzel zugrunde, da der theoretische Teil des Buches bereits bestehende Vorannahmen aus diversen Untersuchungen aufgearbeitet und dargestellt hat und die Autorinnen somit Vorwissen zu den inhaltlichen Aspekten des Problems hatten. Als die 3 zentralen Aspekte der gewählten Interviewmethode nennt Witzel die Problemzentrierung, die Gegenstandsorientierung und die Prozessorientierung. Problemzentrierung meint

zum einen die Orientierung an einer Problemstellung, welche für die Gesellschaft von Relevanz ist, und zum anderen die Erfassung der Problemsicht der Befragten unabhängig von den Vorannahmen der Forscher_innen. Mit Gegenstandsorientierung bezeichnet Witzel die Flexibilität der Forschungsmethode, welche sich am Gegenstand der Forschung ausrichtet, um diesem so gerecht zu werden. Unter Prozessorientierung versteht er die Orientierung am gesamten Forschungsprozess, welcher alle Stadien der Forschung umschließt und sie nicht voneinander trennt (vgl. Witzel 1982: 68ff.).

Um den Ansprüchen des qualitativen Forschens im Generellen und des problemzentrierten Interviews im Speziellen gerecht zu werden, wurde ein offener, teilstrukturierter Interview-Leitfaden erstellt, mit dessen Hilfe die Forschungsfrage beantwortet werden soll. Die Offenheit bezieht sich dabei auf die Art der Fragen: Es handelt sich um offene Fragen, sodass die Befragten in ihren Antworten frei sind und sich nicht an Vorgaben orientieren müssen. Die Offenheit des Leitfadens ist hier das wichtigste Element der qualitativen Untersuchung, weil das Ziel der Untersuchung darin besteht, die Lebenswelt und Lebenssituation der Befragten aus ihrer Sicht darzustellen. Die Teilstrukturierung bezieht sich auf die Fragen des Leitfadens, welcher neben diesen auch im Gespräch entstehende Fragen von sowohl Interviewerin als auch den Befragten erlaubt und erwünscht, sodass die Befragten wichtige Aspekte einbauen und zum Thema machen können. Unter Teilstrukturierung lässt sich auch die Flexibilität der Fragen verstehen, da sie nicht zwangsläufig in einem bestimmten Ablauf gefragt werden müssen, sondern sich dem Gesprächsverlauf anpassen.

Die Interviewpartner_innen wurden über Kontakte von Susanne Hildebrandt, Koordinierungsstelle für Lesben, Schwule und Transidente der Stadt Dortmund, gewonnen. Über ihren Email-Verteiler für Regenbogenfamilien wurde die Anfrage zur Teilnahme am Interview verschickt. Die Anfrage richtete sich an alle gleichgeschlechtlichen Paare in Dortmund, die mit Kindern zusammenleben, unabhängig vom Entstehungsweg der Familie oder ihrer Konstellation. Auf diesen Aufruf konnten sich die interessierten Personen per Email oder telefonisch melden. Zwei Paare wurden von Susanne Hildebrandt persönlich zur Teilnahme am Interview eingeladen. Alle Termine wurden per Email oder per Telefon mit den Interviewteilnehmer_innen abgesprochen und fanden bei den Paaren zuhause statt. Im Durchschnitt hatten die Interviews eine Länge von 1 Stunde und 6 Minuten; das längste Interview dauerte 1 Stunde und 36 Minuten, das kürzeste Interview 45 Minuten. Vor Beginn des eigentlichen Interviews wurde das Gespräch durch Informationen zu dem Forschungsvorhaben eingeleitet. Alle Gesprächspartner_innen stimmten der Aufnahme des jeweiligen Interviews auf Tonband zu. Es wurde versichert, dass alle persönlichen Angaben anonymisiert werden, sodass keine Rückschlüsse auf die jeweilige

Familie gezogen werden können. Außerdem wurde darauf hingewiesen, dass zu jedem Zeitpunkt Fragen gestellt werden dürfen und die Freiwilligkeit zur Teilnahme und Beantwortung jederzeit gegeben ist. Die einzelnen Fragen des Interview-Leitfadens wurden unter bestimmten Items zusammengefasst, sodass sowohl für die Interviewerin als auch für die Befragten eine Struktur gegeben war. Aufgrund der Länge des Interviews erhielten auch die Befragten zu Beginn einen Leitfaden auf Papier ausgehändigt, der aus den einzelnen Items des eigentlichen Leitfadens bestand und der Orientierung diente. Der Großteil der Befragten hat den Leitfaden jedoch nicht benutzt, was auf eine logische Strukturierung des Gesprächs durch die Interviewerin schließen lässt. Alle Fragen des Leitfadens zielen darauf ab, die Forschungsfrage, wie sich das Familienleben für gleichgeschlechtliche Paare mit Kindern in der Stadt Dortmund gestaltet, beantworten zu können.

Nach dem Interview hatten alle Personen Gelegenheit, weitere Fragen zu stellen. In der Mehrheit der Fälle fand nach dem eigentlichen Interview noch ein persönliches Gespräch statt, was auf eine positive (Vertrauens-)Beziehung zwischen Interviewerin und Gesprächspartner_innen hinweist.

Auswertung der Daten
Der Auswertung der gewonnen Daten liegt eine wörtliche Transkription der Tonbandaufnahmen zugrunde. Mayring unterscheidet zwischen 3 Techniken der wörtlichen Transkription: dem Internationalen Phonetischen Alphabet, der literarischen Umschrift und der Übertragung in normales Schriftdeutsch. Bei der vorliegenden Untersuchung wurde die Übertragung in normales Schriftdeutsch, bei welcher die inhaltlich-thematische Ebene im Vordergrund steht (vgl. Mayring 2002: 89ff.), gewählt: Dialekte wurden bereinigt und Satzbaufehler korrigiert. An dieser Stelle wird darauf hingewiesen, dass Elemente zwischenmenschlicher Kommunikation, vor allen Dingen Denkpausen, bei komplexen und sensiblen Themen als selbstverständlich angesehen und deshalb in den Transkriptionen nicht gesondert erwähnt werden. Außerdem wurden alle Namen und Informationen zum Geschlecht sowohl der Eltern als auch der Kinder anonymisiert. Namen der Eltern wurden mit A, B oder C anonymisiert; wenn die Eltern von ihrem Kind sprachen, wurde der Name des Kindes durch „das Kind" oder „unser Kind" ersetzt. Damit keine Rückschlüsse auf das Geschlecht des Kindes gezogen werden können, wurden geschlechtsspezifische Pronomen durch „es" ersetzt.

Die anschließende Auswertung der Daten erfolgte nach der qualitativen Inhaltsanalyse nach Mayring (2010: 68f).

Bei der Darstellung der Daten (Kapitel 3.2) werden die Kategorien in 8 Items zusammengefasst. Dies soll sowohl dem besseren Verständnis des umfangreichen

Materials und der Leser_innenfreundlichkeit als auch dem im Anschluss folgenden einfacheren Vergleich von gewonnenen Erkenntnissen und theoretischem Ausgangsmaterial dienen.

3.2 Darstellung der Daten

Die in den Interviews gewonnenen Daten werden in 8 Items dargestellt. Sie lassen sich unterteilen in:

- Angaben zur Person und Partnerschaft,
- Entstehung der Familie,
- Familienmodelle,
- Familienalltag,
- Lebenssituation in der Stadt Dortmund,
- Reaktion des Umfeldes und der Gesellschaft,
- politische Situation,
- Wünsche und Anregungen.

3.2.1 Angaben zur Person und Partnerschaft

Bei den 12 befragten Personen handelt es sich um 10 Frauen und 2 Männer. Da das Geschlecht der befragten Personen für die durchgeführte Studie nicht von Relevanz ist, werden keine weiteren Hinweise auf das Geschlecht gegeben.

Die Altersspanne der Befragten reicht von 32 Jahren bis 47 Jahren. Acht Personen sind zwischen 32 und 40 Jahren alt und 4 Personen sind zwischen 43 und 47 Jahren alt.

Alle teilnehmenden Interviewpartner_innen befinden sich in einer Partnerschaft; jeweils beide Personen nahmen am Interview teil, sodass 12 Personen 6 Paare darstellen. Die Dauer der Partnerschaft beträgt im Durchschnitt 9,2 Jahre, wobei die kürzeste Partnerschaft 3 Jahre und die längste 20 Jahre beträgt.

Bei der Beschreibung der Partnerschaft lässt sich bei allen Paaren eine positive Sicht und Einschätzung ihrer Beziehung wiederfinden. Die Partnerschaften zeichnen sich durch die Dauer, gemeinsame Aktivitäten und die gegenseitige Ergänzung der Personen aus. Zwei Paare beschreiben eine Veränderung der Partnerschaft durch das Kind, da aus dem Paar-Sein Familie-Sein geworden sei:

„Ja, wir haben uns lieben gelernt und dann haben wir eine Familie gegründet. Aus dem Verliebt-Sein und dem Paar-Sein ist dann eine Familie geworden und es hat sich natürlich sehr verändert." (Interview 4).

Die Mehrheit der Befragten, nämlich 4 von 6 Paaren, leben in einer Eingetragenen Lebenspartnerschaft. Auch bei den 2 Paaren, die nicht in einer Eingetragenen Lebenspartnerschaft leben, ist diese für die Zukunft nicht ausgeschlossen. Bei der Frage nach den Gründen für die Eintragung der Lebenspartnerschaft lassen sich 2 verschiedene Motivationen feststellen: Fast alle Paare (3 von 4), die ihre Lebenspartnerschaft haben eintragen lassen, geben als Gründe die geplante Stiefkindadoption durch den nichtleiblichen Elternteil und die damit einhergehende Absicherung an. Auch die 2 Paare, die noch nicht verpartnert sind, geben als Grund für die eventuell in Zukunft stattfindende Eintragung der Partnerschaft die gewünschte Durchführung einer Stiefkindadoption an:

„Und es gibt vielleicht einen Sachzwang: Wenn ich schwanger werden würde, fände ich es schön, wenn B mein Kind adoptiert und das geht nur, wenn wir verpartnert sind." (Interview 5).

Als weitere Begründung werden von der Hälfte der Paare romantische und ideelle Hintergründe für die Eingetragene Lebenspartnerschaft angeführt. Ein Paar, welches seit über 10 Jahren in der Eingetragenen Lebenspartnerschaft lebt, benennt die institutionelle und darüber hinaus die gesellschaftliche Anerkennung der Lebensform als Beweggrund.

3.2.2 Entstehung der Familie

Bei der Frage nach dem Weg der Familienentstehung wird schnell deutlich, wie vielfältig die Möglichkeiten hier bei gleichgeschlechtlichen Paaren sind, denn alle 6 befragten Familien sind auf unterschiedlichem Wege entstanden. Das Spektrum geht von der Queerfamily mit 2 lesbischen Müttern und 2 schwulen Vätern und dem Weg über die niederländische Samenbank, über die Pflegeelternschaft und die Samenspende im heterosexuellen Freundeskreis bis hin zur Kontaktaufnahme zu geeigneten Spendern über das Internet und die Neuzusammensetzung einer Familie, in der ein Kind aus einer vergangenen gleichgeschlechtlichen Beziehung mitgebracht wurde. Entsprechend der Vielzahl an Entstehungswegen sind auch die Beweggründe, welche zu diesem Entschluss geführt haben, sehr unterschiedlich.

Bei der Frage nach Hindernissen gehen die Erfahrungen der Befragten auseinander: Die Hälfte der Paare (3) hat auf dem von ihnen letztendlich gewählten Weg, eine Familie zu werden, keine Hindernisse erlebt; die andere Hälfte betont, dass die Schwierigkeit, an Spendersamen zu gelangen, als Hindernis wahrgenommen wurde. Darunter fällt sowohl die Nichtbehandlung lesbischer Frauen durch deutsche Samenbanken als auch die lange Suche nach einem bekannten Spender:

> *„Ich finde aber schon, dass es ein Hindernis ist, dass man extra dorthin (Niederlande) muss. Es gibt in Dortmund eine Kinderwunschklinik, aber die dürfen uns nicht behandeln." (Interview 2).*

> *„Nicht zu dem Kind, dass es schon gibt, aber ich wünsche mir eben eins und habe lange nach einem Spender gesucht und das war ziemlich kompliziert. Hindernisse ja, insofern, als dass ich jetzt seit gut 2, 2 ½ Jahren einen Mann gesucht habe, der bereit ist. Das war total zäh." (Interview 5).*

Auch bei der Frage nach Unterstützung auf dem Weg der Familienentstehung sind die Antworten unterschiedlich: Vier der 6 Paare berichten von Unterstützung aus dem Freundes- und Bekanntenkreis. Die anderen 2 Paare erzählen, dass sie die geplante Schwangerschaft erst einmal für sich behalten haben, um den persönlichen Druck der gewollten Schwangerschaft nicht noch weiter zu erhöhen. Bei einem Paar wird deutlich, dass sowohl das Engagement des Samenspenders aus dem Freundeskreis als auch die Behandlung und Betreuung durch eine befreundete Gynäkologin als Unterstützung wahrgenommen wurde.

3.2.3 Familienmodelle

Um in die Thematik der Familienmodelle einzusteigen, wurden die Interviewpartner_innen nach ihrem Umgang mit dem Begriff Regenbogenfamilie gefragt. Hier kann festgestellt werden, dass die Meinungen zu dem Begriff nicht nur unter den befragten Paaren variieren, sondern auch innerhalb der Partnerschaft. Sechs von 12 befragten Personen benutzen den Begriff, um ihr Familienmodell zu beschreiben oder zu erklären; 2 Personen weisen darauf hin, dass er nur nach außen hin verwendet wird; eine Person benutzt den Begriff nur unter homosexuellen Personen und 3 der befragten Personen verwenden den Begriff nicht. Vier der 6 Paare betonen außerdem, dass der Begriff Regenbogenfamilie für die meisten Menschen nicht geläufig sei und deswegen erklärt werden müsse:

> *„Ich muss dann total Aufklärungsarbeit leisten. Seit 2001 ist es möglich, Lebenspartnerschaften eintragen zu lassen und die meisten sind absolut nicht darüber aufgeklärt, seit wann das möglich ist, was das beinhaltet und was eben nicht. Dass der Regenbogen das Symbol für die Homogemeinschaft ist, wissen auch ganz viele Heteros überhaupt nicht. Da sind alle immer ganz erstaunt." (Interview 5).*

Alle Paare haben jeweils ein Kind (6 Paare = 6 Kinder). Fünf der 6 Kinder sind männlich, ein Kind ist weiblich. Im Durchschnitt sind die Kinder 3.75 Jahre alt, wobei das jüngste Kind zum Zeitpunkt der Befragung 4 Monate und das älteste Kind 8 Jahre alt ist.

Um das individuelle Familienverständnis zu verstehen, wurde gefragt, wer für die Personen zur Familie gehört. Für 2 Paare besteht die Familie aus den 2 Müttern bzw. 2 Vätern und dem Kind. Zwei weitere Paare zählen neben sich und dem Kind die eigene Herkunftsfamilie zur Familie. Das Frauenpaar, das zusammen mit einem Männerpaar eine Queerfamily gegründet hat, zählt die beiden Mütter, die beiden Väter und das Kind zur Familie. Ein weiteres Frauenpaar sieht neben sich selbst und dem Kind den biologischen Vater, dessen Frau und Kinder zur Familie gehörig. Die Hälfte der befragten Paare unterscheidet zwischen enger und weiter Familie. Zur weiten Familie und zu weiteren bedeutenden Personen im Familienumfeld werden die Großeltern des Kindes bzw. die Herkunftsfamilien der Eltern gezählt. Ein Paar beschreibt außerdem die Adoptivmutter des Kindes, welche nicht Teil der aktuellen Partnerschaft ist, als weitere bedeutende Person für das Kind.

Die Paare werden gebeten, ihre Familie zu beschreiben. Drei Paare nutzen Adjektive wie chaotisch, liebevoll, quirlig, glücklich, aktiv und eingespielt, um die Familie darzustellen. Zwei Paare betonen, dass Kommunikation eine große Rolle in der Familie spiele:

> *„Ich knüpfe nochmal an bei kommunikativ: nicht nur sachlich im Austausch, sondern auch emotional. Das heißt, dass ich auch mitteile, was mich bewegt und dass ich bemüht bin, sowohl A als auch meinem Kind den Raum zu geben, Emotionen miteinzubringen, auszuleben. Wenn einer von uns nicht so gut drauf ist, zum Beispiel. Das finde ich, das passiert hier auch." (Interview 5).*

Außerdem zeichnen sich 3 Familien dadurch aus, dass sie viel miteinander unternehmen und viel Zeit miteinander verbringen. Ein Paar betont, dass das Besondere an der Familie sei, dass das Kind ein absolutes Wunschkind sei.

Neben dem Begriff Regenbogenfamilie wird nach dem Umgang mit dem Begriff Co-Mutter bzw. Pflegefamilie gefragt. Drei der 5 Frauenpaare benutzen den Begriff Co-Mutter nicht, während die anderen 2 Paare den Begriff nur nach außen hin nutzen, wenn sie ihr Familienmodell beschreiben (müssen). Die Paare, die den Begriff nicht benutzen, sind in ihrer Meinung sehr eindeutig:

> *„Aber ich finde Co-Mutter ist abwertend, also ich bezeichne mich nicht als Co-Mutter. (...) Ich finde der wertet irgendwie ab. Und für mich ist es ja so, dass ich mich als Mama fühle und nicht Co-Mutter oder so."* (Interview 1).

> *„Gar nicht. Eine Co-Mutter gibt es nicht. Wir sind beide Mütter. Ich finde der Begriff klingt auch irgendwie doof."* (Interview 4).

Die Frage nach der Identifikation mit dem Begriff Co-Mutter verneinen alle nichtleiblichen Mütter. Das Pflegeelternpaar weist darauf hin, dass der Begriff Pflegefamilie nur im formalen Kontext benutzt wird und im Alltag der Familie keine Rolle spiele.

Weiteres Element des Familienmodells ist die Stiefkindadoption. In allen Familien, in denen die Stiefkindadoption durch das Vorhandensein der Eingetragenen Lebenspartnerschaft theoretisch und rechtlich möglich ist, besteht diese auch tatsächlich (2 Paare sind nicht verlebenspartnert bzw. ein Kind hiervon ist von der Ex-Partnerin der leiblichen Mutter adoptiert worden; ein Paar übt eine Pflegeelternschaft aus). Die Paare, in denen eine Stiefkindadoption durchgeführt wurde, nennen als Gründe hierfür die Regelung und Gleichwertigkeit der Elternrollen:

> *„Für mich war es einfach wichtig, dass ich nicht nur so dabei bin, sondern dass es dann doch mit Brief und Siegel ist und mehr als nur „Wir sind eine Partnerschaft und sie ist die Mutter".* (Interview 4).

> *„Wir wollten halt einen Bezugspunkt. Wir wollten eine Familie gründen und nicht mit irgendeinem Mann und auch nicht mit jemandem, den man gut kennt, sondern wir. Und dazu gehört halt, dass beide verantwortlich sind. Ich letztlich habe dann auch die Rechte, dass es dann nie Schwierigkeiten gibt, was Kompetenzen anbelangt. Deswegen war es für uns*

von Anfang an klar, dass wir beide vollwertige Elternteile sind." (Interview 1).

Außerdem nennt sowohl ein Paar, bei dem die Stiefkindadoption bereits vollzogen als auch das Paar, bei dem sie in Zukunft noch möglich ist, als weiteren Grund eine Absicherung für das Kind in Notfallsituationen:

> *„Einfach damit, wenn einem von uns beiden etwas passiert, dass dann klar ist, dass wir beide die Erziehungsberechtigten sind. Im Moment ist es ja so, ich gelte mehr oder weniger als alleinerziehend. Wobei bei manchen Sachen zählt B auch mit. Einfach, um ein bisschen Klarheit zu schaffen, dass es irgendwo festgeschrieben steht, wer für das Kind die Erziehungsberechtigten sind."* (Interview 6).

Bei der Frage nach der eigenen Zufriedenheit mit der Stiefkindadoption geben alle Paare an, dass sie zufrieden sind. Auch das Paar, bei dem die Partnerin der leiblichen Mutter das Kind nicht (mehr) adoptieren kann, da es bereits von der Ex-Partnerin der leiblichen Mutter adoptiert ist, wird die Situation im Alltag als zufriedenstellend beschrieben; jedoch würden Notfallsituationen ein Problem darstellen:

> *„Ich finde es gibt 2 Ebenen: Die eine ist, was auf dem Papier steht. Die rechtliche Situation ist, dass wenn B stirbt, das Kind zu C geht. Dann kann es sein, dass ich in die Röhre gucke, das wäre total schrecklich. Andererseits, das ist die andere Ebene und das ist der Alltag: Ich lebe hier viele Stunden mit B und dem Kind und das ist total gut. Das ist die Realität, die unabhängig vom Papier ist."* (Interview 5).

Ein weiterer besonderer Aspekt der Familienmodelle ist die Rolle des biologischen Vaters bzw. der Herkunftsfamilie des Kindes, welche stark vom Entstehungsweg der Familie abhängt. In keiner der Familien haben der biologische Vater bzw. die Herkunftsfamilie Entscheidungs- oder Erziehungsbefugnis, da diese das Sorgerecht nicht innehaben. Bei der Familie, in der das Kind mit Spendersamen von der Samenbank gezeugt wurde, spielt der biologische Vater keine Rolle, da er nicht bekannt ist. Ist das Kind 18 Jahre alt, kann es Informationen über die Person einholen. Eine passive Rolle wird dem biologischen Vater zugeschrieben, welcher über das Internet kontaktiert und gefunden wurde, außer der Bekanntgabe seines Vornamen und der Emailadresse ist er auch den Müttern gegenüber anonym geblieben und es herrscht ein lockerer, freundschaftlicher Kontakt. In den 2 Familien, in denen der biologische

Vater aus dem Freundeskreis stammt, besteht regelmäßiger Kontakt und die Kinder sehen den biologischen Vater als „Papa" an. In einer der Familien besteht auch regelmäßiger Kontakt zwischen Kind und Exfrau (Adoptivmutter). Weiterhin spielen bei einer Familie die weiteren Kinder des biologischen Vaters eine bedeutende Rolle im Leben des Kindes. In der Queerfamily haben der biologische Vater des Kindes und dessen Partner eine aktive Rolle im Leben des Kindes, da das Kind ein Mal in der Woche bei seinen Vätern übernachtet. Auch hier wird der biologische Vater vom Kind „Papa" genannt. Außerdem wurde der Rahmen der jeweiligen Elternschaft bei dieser Familie früh abgesprochen. Die Pflegeeltern beschreiben die Herkunftsfamilie des Kindes als nicht präsent, da die Kindesmutter inhaftiert ist und das Kind keinerlei Kontakt zu leiblichen Familienmitgliedern wünscht. Trotzdem spielt die Herkunftsfamilie des Kindes eine gewisse Rolle im Familienalltag, da Phasen, in denen bspw. Gerichtsprozesse anstehen, mit viel Stress und Belastung für alle Familienmitglieder verbunden sind.

3.2.4 Familienalltag

Um ein Bild davon zu bekommen, wie gleichgeschlechtliche Paare mit Kindern in Dortmund leben, ist es von Bedeutung, ihren Familienalltag zu betrachten. Elementar hierfür ist die Frage nach der Gestaltung des Alltags mit der Familie, der sich bei den Befragten unterscheidet. Bei der Mehrheit der befragten Paare, nämlich bei 5 von 6 Paaren, gehen beide Elternteile arbeiten und das Kind wird betreut (Tagesmutter, Kindertagesstätte, Schule). Bei 3 dieser 5 Paare sind beide Elternteile Vollzeit berufstätig, bei einem Paar sind beide Eltern in Teilzeit erwerbstätig und ein Paar besteht aus einem vollzeit- und einem teilzeittätigen Elternteil. Lediglich ein Paar gestaltet den Familienalltag so, dass ein Elternteil in Vollzeit erwerbstätig und der andere Elternteil in Elternzeit und zuhause bei dem Kind ist. Alle Familien verbringen sowohl die Abende als auch das Wochenende gemeinsam, wo dann viel miteinander unternommen wird:

> *„Und an den Wochenenden sind wir damit beschäftigt entweder im Garten Zeit zu verbringen oder das Kind wird dann auch in nötige Aktivitäten miteingebunden, Rasen mähen zum Beispiel. Wir gehen auch oft in die Bücherei, wobei ich es jetzt mit der Schule stressig und festgenagelt finde. Oder wir fahren Fahrrad oder gehen in den Wald, so was."* (Interview 5).

Neben der Erwerbstätigkeit bzw. der Erwirtschaftung des Lebensunterhaltes sind auch weitere anfallende Aufgaben im Familienalltag unterschiedlich verteilt. Es wird deutlich, dass sich die Aufgabenverteilung an den Arbeitszeiten der Paare orientiert: In den Familien, bei denen die Elternteile beide in Vollzeit oder beide in Teilzeit arbeiten, werden anfallende Aufgaben entweder gemeinschaftlich oder abwechselnd erledigt oder nach Vorliebe verteilt:

> *„A: Ach, da macht jeder alles. Da gibt es keine Regeln. B: Das spielt sich ein. Nicht nach irgendwelchen Rollenklischees, einfach, einer achtet mehr auf das, das hat sich einfach so eingependelt. Und was das Kind angeht, sind wir auch alle gleich verantwortlich. Da wechselt man sich ab." (Interview 1).*

Ist einer der Elternteile flexibler in der Arbeitseinteilung, kann er Aufgaben, die an Zeiten gebunden sind, z. B. dem Kind bei den Hausaufgaben helfen, übernehmen:

> *„Bei uns sieht das so aus, dass ich die Kinder, es gibt noch einen Nachbarjungen, den ich mitnehme, morgens zur Schule bringe, dann gehe ich zur Arbeit und komme unter der Woche um 15 Uhr, dann hole ich das Kind aus der Ganztagsschule ab und wir machen zusammen Hausaufgaben und dann geht es zum Training. Das ist eigentlich jeden Tag so, bis auf einen Tag in der Woche, da holst du das Kind ab. Dann ist das Wochenende, ich muss dann meine Stunden irgendwie nacharbeiten, entweder abends oder am Wochenende. Das kann ich glücklicherweise von Zuhause aus." (Interview 3).*

Bei den 2 Paaren, die nicht im gleichen Umfang erwerbstätig sind, übernehmen die Elternteile, die in einem kleineren Umfang oder gar nicht erwerbstätig sind, mehr anfallende Aufgaben. Beide Paare räumen jedoch ein, dass am Wochenende beide Elternteile gleichermaßen für Kind und Haushalt zuständig sind.

Die Frage, ob in der Familienstruktur eine Art Rollenverteilung erkennbar ist, wird von allen Paaren verneint. Es wird darauf hingewiesen, dass die Verteilung von Aufgaben als Ergebnis der Alltagsstrukturierung entsteht:

> *„Das hat sich einfach so ergeben. Dadurch, dass A voll berufstätig ist und ich nur halb, klar kümmere ich mich dann eben überwiegend um Haushalt und das Kind und was so ansteht. Das hat einfach so der Alltag mit sich gebracht. Und wenn wir am Wochenende zusammen sind, kann*

> *ich mich auch schon mal um das Auto kümmern oder A sich um das Kind, das teilt sich dann wieder auf. Das hat sich so ergeben, das ist nicht so stereotyp-, rollen-, klischeemäßig."* (Interview 5).

Das jeweilige Erziehungsverhalten beschreiben alle Paare als sehr unterschiedlich und individuell. Die Hälfte der Paare gibt an, dass für sie Erziehung unter anderem bedeutet, das Kind zu stärken und zu einem selbstbewussten Individuum zu erziehen. Dies wird vor allem bei der Pflegefamilie deutlich:

> *"Ein Bestandteil ist auch, dass wir sagen, wir müssen das Kind gegenüber der Umwelt stark machen. Aufgrund der Geschichte des Kindes, weil es sich immer gegenüber anderen durchsetzen muss und es immer eigentlich besser sein muss als andere."* (Interview 3).

Zwei Paare beschreiben ihren Erziehungsstil so, dass bestimmte Grundregeln und Grundwerte, z. B. gewaltfreie Erziehung, gesunde Ernährung, kindgerechte Erziehung etc., bestehen und andere Dinge intuitiv und locker gehandhabt werden. Für 2 Paare besteht Erziehung unter anderem darin, dem Kind Struktur und Regelmäßigkeit im Alltag zu bieten, z. B. durch Rituale, regelmäßiges gemeinsames Essen, festen Terminen am Nachmittag etc. Zwei Paare beschreiben außerdem, dass jeweils ein Elternteil der strengere und der andere der geduldigere sei. Für ein Paar ist das Thema Erziehung ein kompliziertes Thema, über das viel kommuniziert wird, sodass die Erziehung des Kindes auch einen großen Teil der Paarbeziehung ausmacht.

Ein weiterer bedeutender Themenkomplex im Familienalltag ist die Aufklärung der Kinder über die Besonderheit der Familienkonstellation und die Entstehung des Kindes. Die 4 Kinder, die über die nötigen kognitiven Fähigkeiten verfügen, wurden über die Familienkonstellation aufgeklärt; bei den Kindern, die im Moment der Befragung noch zu jung sind (Säugling- und Kleinkindalter), ist eine Aufklärung über die Familienkonstellation für die Zukunft geplant. Die Hälfte der Paare betont, dass das Kind alles über seine Entstehung erfahren soll:

> *"Auf jeden Fall. Ich finde es wichtig, dass das Kind das weiß. Noch bevor es geboren wurde, war mir klar, dass ich meinem Kind das irgendwann erklären möchte, dass das nicht die Standardentstehungssituation mit einem Geschlechtsakt war, sondern es soll wissen, wie das passiert ist. Ich finde es auch wichtig in Bezug darauf, wie es Partnerschaft und Miteinander wahrnimmt. Ich war schließlich mit C damals liiert, abgesehen davon, dass das nicht meinem sexuellen Interesse entspricht, wäre*

> *es ja auch innerhalb der Beziehung der Akt des Fremdgehens. Und für den Papa des Kindes wäre das auch nicht in Frage gekommen und ich finde es wichtig, dass das Kind das weiß."* (Interview 5).

Ein Paar, bei dem die Aufklärung aufgrund des Alters des Kindes noch nicht stattgefunden hat, betont, dass die Aufklärung über die Entstehung des Kindes natürlich und selbstverständlich in den Alltag der Familie eingebaut werden soll.

Bezogen auf das Bewusstsein des Kindes über die Besonderheit der Familienkonstellation sagen 2 von 4 Paaren aus, dass das Kind die Besonderheit kennt, da es weiß, dass die meisten anderen Kinder in Konstellationen mit Mutter und Vater aufwachsen. Die beiden anderen Paare sind sich nicht sicher, ob das Kind die Besonderheit bzw. „Exotik" (Interview 5) versteht. Wie bereits erwähnt, sind 2 Kinder der befragten Paare zu jung, um die Besonderheit zu erkennen. Über den Umgang des Kindes mit dem Familienmodell sagen alle Eltern aus, dass dieses natürlich und selbstverständlich für das Kind ist:

> *„Und für das Kind ist das ganz normal. Es hat 2 Mütter und das erzählt es auch allen."* (Interview 4).

Das Paar, das eine Queerfamily gegründet hat, räumt ein, dass das Kind am glücklichsten ist, wenn alle 4 Elternteile zusammen sind, da es so keinen vermissen muss:

> *„Es geht im Grunde total toll damit um. Es ist in dem Alter einfach total toll, 4 Leute zu haben, weil jeder irgendwie eine andere Facette hat und anders mit dem Kind umgeht und es viel mehr Spaß auch ist durch Abwechslung. (...) Aber das Negative ist halt auch, dass das Kind dadurch, dass unser Familienmodell so ist, öfter auch einen vermisst."* (Interview 1).

Bei der Frage, wie die Paare ihre Beziehung zu dem Kind beschreiben würden, werden unterschiedliche Attribute benannt. Zwei Paare verwenden Adjektive wie herzlich, liebevoll und großartig, um die Beziehung zu beschreiben. Bei einem Paar betont die soziale Mutter des Kindes, dass sie Mutter für das Kind sein will und nicht Freundin. Ein weiteres Paar geht darauf ein, dass beide Mütter gleichberechtigt sind und das Kind keinen Unterschied zwischen leiblicher und sozialer Mutter macht. Außerdem hebt ein Paar hervor, dass die Beziehung zum Kind durch eine enge, emotionale Beziehung geprägt ist.

Bei der Frage nach der Zufriedenheit der Paare mit ihrem Familienleben geben alle Paare an, dass sie zufrieden bis sehr zufrieden sind. Drei Paare betonen, dass sie trotz entweder beruflich bedingtem Stress, zu wenig Schlaf oder zu wenig Zeit für die Partnerschaft zufrieden mit ihrem Familienleben sind.

3.2.5 Lebenssituation in der Stadt Dortmund

Einen weiteren Schwerpunkt der Untersuchung stellt die Lebenssituation von gleichgeschlechtlichen Paaren mit Kindern bezogen auf ihren Lebensort Dortmund dar. Die Paare werden nach Erfahrungen im Kontakt zu Behörden und Ämtern der Stadt Dortmund befragt. Drei von 4 Paaren, in denen eine Stiefkindadoption durchgeführt wurde, berichten davon, dass es während des Adoptionsprozesses einige Sachbearbeiter_innenwechsel gegeben hat, der Prozess aus ihrer Sicht sehr lange gedauert hat und sie einer unverhältnismäßig hohen Anzahl von Hausbesuchen ausgesetzt gewesen waren.

> *„Und wir hatten uns dann erkundigt, vor der Schwangerschaft schon, das klang auch alles ziemlich positiv und super, dass wir uns so früh gemeldet haben. Und haben dann aber einfach gemerkt, dass uns ganz viele Steine in den Weg gelegt wurden von der Jugendamtsbetreuerin. Also das war, die hat einfach ihren Job sehr wichtig genommen. Die hat uns hier glaube ich 4 Mal besucht, zwischendurch sind wir dann noch umgezogen, dann kam sie noch mal. Und es hat dann insgesamt 1 ½ Jahre gedauert, aber auch nur, weil B dann den Richter angerufen hat und gesagt hat, ob wir denn da nicht so langsam den Termin machen könnten."* (Interview 1).

Zwei dieser 3 Paare beschreiben, dass sie sich bei den Kontakten mit dem Jugendamt im Zuge der Stiefkindadoption diskriminiert gefühlt haben. In einer Familie lag diese Empfindung, wie das Zitat oben zeigt, an der langen Dauer, die das Verfahren der Stiefkindadoption in Anspruch genommen hat und an den mehrmaligen Besuchen der Jugendamtsmitarbeiterin. Diese Person erzählt weiter:

> *„Das Problem war, dass es im Ermessen der Verwaltungsangestellten liegt, wie lange sie eine Familie, in der eine Adoption stattfinden soll, beobachten möchten. Und bei uns gab's keine Anhaltspunkte, warum bei uns eine lange Beobachtung notwendig ist. (...) Man fühlt sich eben*

auch so wahnsinnig beobachtet, also ich war immer so fürchterlich aufgeregt vor den Terminen. (...) Es ist halt schlimm, wenn es mal 3 Monate dauert und mal 1 ½ Jahre, da kommt man sich wie eine schwierige Familie vor. (Interview 1)

Außerdem beschreibt diese Person die Zeit, in welcher der Prozess der Stiefkindadoption verlaufen ist, aus dem Grund als besonders belastend, da das Problem der Zugehörigkeit nicht gelöst wird. Eine schnellere Durchführung würde demnach schneller ein Zugehörigkeitsgefühl ermöglichen:

„Das waren für mich einfach ganz schlimme 1 ½ Jahre. Man hat immer dieses Zugehörigkeitsproblem. Man weiß, das Kind gehört mir, aber eben nicht richtig. Jetzt ist es eben schon viel einfacher. Ich kann alles mitentscheiden, ich kann unterschreiben und so etwas alles." (Interview 1)

Nur eine Familie, in der eine Stiefkindadoption durchgeführt wurde, beschreibt den Kontakt als unkompliziert.

Das Pflegeelternpaar beschreibt den Kontakt zum Pflegekinderdienst der Stadt Dortmund als unterstützend.

Bezogen auf das Familiengericht erwähnen 4 Paare, dass der Kontakt im Sinne von vom Gericht zu erwartender Neutralität positiv war.

Weiterhin betonen die Paare, bei denen eine Stiefkindadoption stattgefunden hat, dass beim Standesamt nur verzögert, aufgrund von erheblicher Eigeninitiative oder erst auf deutliche Anforderung hin, die Spalte des Vaters in der Geburtsurkunde durch „Elternteil 2" ersetzt wurde:

„Es sind ja auch Kleinigkeiten, das mit der Geburtsurkunde ist ja pille palle. Aber die haben das vorher schon gewusst. Ich habe da angerufen und gefragt, ob die Urkunde fertig ist. Da haben die gesagt: „Ja, aber da werden Sie als Vater drin stehen.". (...) Das Standesamt hat es nicht hinbekommen, „Eltern" hinzuschreiben statt „Mutter und Vater" und B war dann der Vater. Dann haben wir eine Mail hingeschickt, die haben uns das dann auch ersetzt." (Interview 2)

„Das Standesamt mit der Geburtsurkunde, das war auch lustig. Wir haben dann die neue Geburtsurkunde bekommen und dann stand da „Mutter XY" und „Vater YX". Und dann haben wir gesagt, dass das so nicht

> *ginge und die haben gesagt, sie könnten das nicht anders ausdrucken. Dann mussten die erst einmal den Software-Entwickler informieren und so weiter. Dann bekamen wir Wochen später die Urkunde, wo dann „Eltern" drin stand."* (Interview 4)

Ein Paar berichtet sogar, dass die Spalte nur durch „Partnerin der Mutter" ersetzt wurde:

> *„In der Urkunde, die wir nach der Geburt meines Kindes bekommen haben, steht auch nicht zweiter Elternteil, sondern Partnerin der Mutter des Kindes."* (Interview 5)

Alle Paare, die mit einem leiblichen Kind zusammen leben, berichten von Problemen mit Formularen, in denen sie ihre Familienform nicht wiederfinden, da nach Mutter und Vater des Kindes gefragt wird:

> *„Als wir für die Betreuung die Sachen ausgefüllt haben, da steht immer Mutter und Vater. Und dann fängt man an zu streichen. Da hätte man auch einfach Elternteil 1 und Elternteil 2 schreiben können."* (Interview 2)

> *„Was ein bisschen schwierig ist, in manchen Formularen steht immer noch „Mutter und Vater". Da muss man sich dann immer überlegen, was man jetzt reinschreibt oder ob man das überhaupt ausfüllt. Das finde ich immer ein bisschen schwierig."* (Interview 6)

> *„Es ist jetzt nichts Schlimmes, aber immer wieder aufwendig. Wenn man einen Antrag ausfüllt und dort keine Spalte für uns ist, dann ist man halt manchmal extra hartnäckig und nervt und manchmal denkt man sich „Ach egal, schreibt einfach irgendwas dahin"."* (Interview 1)

Auf die Frage, wie die Familien in der Öffentlichkeit auftreten, geben alle Paare an, dass sie selbstverständlich als Paar und als Familie auftreten. Eine Person räumt ein, dass sie den Arbeitsplatz vom Privatleben trennt und dort nicht als gleichgeschlechtlich orientiert, mit Kind geoutet ist.

Vier der 6 Paare geben an, Familienangebote der Stadt Dortmund zu nutzen, wobei sie hierzu auch städtische Kinderbetreuungseinrichtungen und Familienvergünstigungen zählen. Alle befragten Paare haben Kontakt zu anderen sowohl homo- als auch heterosexuellen Paaren mit Kindern. Der Kontakt zu heterosexuellen Paaren mit Kindern besteht bei allen Paaren in der eigenen Familie und unter Freunden oder Nachbarn. Der Kontakt zu gleichgeschlechtlichen Paaren mit Kindern gestaltet sich in unterschiedlicher Art und Weise: Das Pflegeelternpaar hat Kontakt zu einem weiteren befreundeten, gleichgeschlechtlichen Pflegeelternpaar, 2 Paare besuchen zweimal jährlich ein privat organisiertes Treffen im Bekannten- und Freundeskreis, 2 Paare besuchen das Regenbogentreffen „Ratz und Rübe" in Bochum und ein Paar hat lockeren, unregelmäßigen Kontakt zu anderen gleichgeschlechtlichen Paaren mit Kindern. Die Hälfte der Paare sagt aus, sich einen Kontakt zu gleichgeschlechtlichen Paaren mit Kindern in Dortmund ausdrücklich zu wünschen, auch wenn er nicht zwangsläufig als notwendig angesehen wird. Alle Paare, die ein leibliches Kind haben, erachten es außerdem für bedeutend für das Kind, andere Kinder aus Regenbogenfamilien und Regenbogenfamilien selbst zu kennen und verschiedene Familienformen kennenzulernen.

Die Paare werden außerdem gefragt, ob sie sich von der Stadt Dortmund als gleichgeschlechtliches Paar mit Kind in der Öffentlichkeit repräsentiert fühlen. Keines der Paare bejaht diese Frage, 3 Paare sagen aus, dass sie sich nicht repräsentiert fühlen. Von Bedeutung ist allerdings, dass die Hälfte der Paare keine direkte Notwendigkeit sieht: Sie wollen als Familie verstanden und behandelt werden oder nehmen die Repräsentation in der Öffentlichkeit nicht direkt wahr. Außerdem sieht die Hälfte der befragten Paare die Koordinierungsstelle für Lesben, Schwule und Transidente der Stadt Dortmund als eine wichtige und richtige Institution an. Zwei Paare betonen, dass für sie eine stärkere Repräsentierung in der Öffentlichkeit wünschenswert wäre, da so Regenbogenfamilien im Weltbild der Gesellschaft einen Platz finden könnten:

„A: Ich fände das schon wünschenswert, damit es auch in den Augen, in der Wahrnehmung der Menschen, normal ist. Das ist es nämlich nicht. B: Das Thema ist für viele Menschen einfach ganz weit weg. Ich würde mir das wünschen. Ich bin jetzt etwas zurückhaltender und würde mir wünschen, dass mir das jemand abnimmt. Nicht mich auf dem Plakat abbildet, aber dass es einfach mehr ins Stadtbild gehört und normal wird." (Interview 4).

„Ich wünsche mir, dass unser Familienmodell über einen visuellen Weg gestreut wird. Dass es normaler im Sinne von gängiger wird. Dass man in der Werbung oder in Stadtflyern Regenbogenfamilien sieht. Das fände ich gut und das würde mir ein stärkendes Gefühl geben. (Interview 5)

„Also ich habe letztens auf der Arbeit einen Flyer gesehen, ich glaube der war auch von der Stadt, da ging es um eine Veranstaltung für Familien und da war extra aufgezählt, dass auch alleinerziehende Personen angesprochen sind. Da habe ich mir gedacht: „Ok, wenn ihr das jetzt extra aufzählt, dann zählt bitte auch Regenbogenfamilien auf". " (Interview 2)

Mit der Stadt Dortmund als Lebens- und Wohnort sind alle Paare zufrieden bis sehr zufrieden.

3.2.6 Reaktionen des Umfeldes und der Gesellschaft

Auf die Frage, wie das Umfeld auf die Familienform reagiert, antworten alle Paare, dass Reaktionen immer positiv und offen ausfallen. Vier Paare erzählen außerdem, dass ihr Umfeld oftmals mit Fragen reagiert, die sich um die Entstehung des Kindes drehen und sie sich öfter als andere Familien erklären müssen.

Mehrere Personen sind außerdem der Meinung, dass sie als gleichgeschlechtliches Paar mit Kind nicht in der Öffentlichkeit wahrgenommen werden, sondern eher als Elternteil, der mit seinem Kind und einer Freundin oder einem Freund spazieren geht.

Die befragten Personen werden weiterhin gebeten, die sie umgebende Gesellschaft zum Thema gleichgeschlechtliche Elternschaft einzuschätzen und diese mit Adjektiven zu beschreiben. Bei den Beschreibungen lassen sich verschiedene Richtungen feststellen: Drei Paare beschreiben das gesellschaftliche Umfeld in erster Linie als neugierig; 2 Paare schätzen die Bevölkerung als voreingenommen ein, vor allen Dingen die ältere Generation; ein Paar benennt positive Zuschreibungen wie locker und offen; 2 Paare beschreiben außerdem eine Ambivalenz:

„Schon ambivalent, würde ich sagen. Es ist einfach die große Diskrepanz, wenn der Kontakt besteht, dann eher positiv. Aber im Abstrakten eher ambivalent und ich finde die Diskussion um Kinder sehr erstaunlich. Also, können Schwule und Lesben gleichwertige Eltern sein? Wenn man sich die Diskussion um das Adoptionsrecht anguckt, die ich völlig absurd finde, dann zeigen sich Ressentiments oder Vorbehalte immer wieder. Inwieweit die noch verbreitet sind, dazu gibt es unterschiedliche Studien. Eigentlich glaube ich, ist der überwiegende Teil, insbesondere der jüngeren Generation, der hat diese Vorurteile oder Vorbehalte nicht

mehr. Mit höherem Alter gibt es die vielleicht noch, aber ich bin jetzt eher positiv oder optimistisch, dass sich das schon nach und nach auflöst, auch je mehr Familien sichtbar werden. Ich glaube das hängt tatsächlich mit einer gewissen Sichtbarkeit bzw. Unsichtbarkeit zusammen." (Interview 3).

„Ich glaube, es ist nicht chic, homophob zu sein. Es ist sehr chic, homophil zu sein und alles sehr tolerant aufzunehmen und wahrzunehmen. Ich glaube aber, dass es tatsächlich innen so etwas wie Misstrauen gibt, Ängste, Unsicherheiten, und dass das nicht kommuniziert wird. Das spüre ich trotzdem. Ich finde es super, wenn jemand neugierig ist und offen fragt. Es ist ja auch nicht schlimm, wenn man misstrauisch ist. Finde ich in Ordnung, wenn jemand Ängste hat oder unsicher ist, wenn er mir begegnet. Ich finde es nur gut, das dann eben zu kommunizieren." (Interview 5).

Aus den Aussagen der Befragten kristallisiert sich weiterhin heraus, dass nicht immer deutlich wird, ob sich negative Erfahrungen oder mögliche Vorbehalte auf das Individuum, das Paar oder die Familie im Kontext der Homosexualität beziehen, da die Ebenen nicht unabhängig voneinander zu betrachten sind.

Gleichzeitig wird bei der Frage nach der Einschätzung der Gesellschaft deutlich, dass die Elternteile auch innerhalb der Partnerschaft jeweils unterschiedliche Meinungen haben, die durch ihre individuellen Erfahrungen, z. B. im Arbeitsumfeld geprägt sind.

Bei der Frage nach positiven Erlebnissen wird von allen Paaren ausgesagt, dass im Kontext ihres jeweiligen Familienmodells nur positive Erfahrungen gemacht wurden.

Gleichzeitig wird die Frage nach diskriminierenden oder negativen Erfahrungen differenzierter beantwortet: Drei Paare geben weiter an, keine Diskriminierung in Bezug auf ihre Familienform erlebt zu haben. Eine Person beschreibt den kirchlichen Arbeitgeber diskriminierend in Bezug auf die Homosexualität, sodass die Familie verschwiegen wurde. Zwei Paare empfinden die Ungleichbehandlung im Steuerrecht als Diskriminierung, ein Paar davon im Zuge einer spürbaren Ablehnung bei einem Mitarbeiter des Finanzamtes. Weiterhin gibt ein Paar an, bei der Anmeldung des Kindes in einer Kita diskriminiert worden zu sein, da die Absage offensichtlich auf die Persönlichkeiten der Eltern zurückzuführen gewesen ist. Auch die negativen Erfahrungen mit dem Jugendamt Dortmund werden von einem Paar als diskriminierend beschrieben.

Keines der Paare kann von negativen Erfahrungen des Kindes im Zusammenhang mit der Familienform berichten. Die Personen werden daraufhin gefragt, wie sie damit umgehen würden, wenn ihr Kind in Zukunft negative Erfahrungen machen würde. Alle Paare beantworten die Frage dahingehend, dass sie negativen Erfahrungen mit Offenheit entgegentreten wollen. Diese Offenheit kann sich laut der Befragten in 3 Bereiche einteilen: Zum einen soll innerhalb der Familie offen mit dem Thema Diskriminierung umgegangen werden, sodass Strategien gemeinsam überlegt und Gefühle ausgesprochen werden. Zum anderen soll die Familienform in allen Situationen offen gelegt und nicht verschwiegen werden, damit auch andere Personen einen offenen Umgang erlernen und bei Schwierigkeiten mit der Thematik mit Fragen offen auf die Personen zugehen können. Eine weitere Möglichkeit besteht darin, Freunde des Kindes und eventuell auch deren Familie einzuladen, sodass mögliche bestehende Vorurteile abgebaut werden können.

3.2.7 Politische Situation

Die Interviewpartner_innen werden zu ihrer Meinung zur politischen Situation bezüglich gleichgeschlechtlicher Elternschaft befragt. Alle Paare sehen die politische Situation als unzureichend an, sodass auch keine Zufriedenheit herrscht. Einige Paare äußern, dass nicht immer ein direkter Einfluss der politischen Situation auf das Familienleben im Alltag zu spüren ist.

Veränderungen zur politischen Situation werden in erster Linie in 2 Bereichen geäußert:

- der finanziellen Gleichberechtigung durch das Steuerrecht und
- dem gemeinsamen Adoptionsrecht für gleichgeschlechtliche Paare.

Die Hälfte der Paare fasst die notwendigen Veränderungen mit dem Wunsch nach völliger Gleichstellung zusammen. Die Mehrheit der Paare weist außerdem darauf hin, dass die Regierung erst dann reagiere, wenn das Bundesverfassungsgericht entsprechende Entscheidungen verkündet, was als negativ bewertet wird. Eine Person schlägt vor, das Ehegattensplitting durch Vergünstigungen für Familien zu ersetzen oder die Steuereinnahmen in den Bildungssektor zu investieren.

Zwei Paare betonen, dass die Stiefkindadoption bei gleichgeschlechtlichen Paaren, bei denen ein gemeinsam geplantes Kind in die Beziehung geboren wird, nicht mit der Stiefkindadoption bei heterosexuellen Paaren, bei denen eine neue Partnerin oder ein neuer Partner das Kind adoptieren will, gleichgesetzt werden darf. Hier besteht nach Angaben dieser Paare dringender Veränderungsbedarf hin zu einer vereinfachten Stiefkindadoption für gleichgeschlechtliche Paare mit gemeinsamem Kind:

„Ich finde, das Schwierige bei der Stiefkindadoption ist die Gleichstellung zu heterosexuellen Stiefkindadoptionen, weil da ist es ja oft so, dass der leibliche Vater entweder sich scheiden lässt oder weg ist, die Kinder ja oft älter sind und dann natürlich ein neuer Partner ins Leben der Eltern tritt und da muss natürlich schon geprüft werden, über einen gewissen Zeitrahmen, ob die Kinder mit dem klarkommen oder nicht. Ich hab das immer so gesehen: Mein Kind ist in unsere Ehe geboren. Mein Kind war gewünscht, von uns beiden. Ich hab es gezeugt, muss man dazu noch sagen. Das passt für mich überhaupt nicht zusammen. Da muss man dann wirklich überlegen, dass man das trennt. Das ist nicht gleichzustellen, das geht nicht." (Interview 1)

„Ich finde, man könnte das Prozedere der Stiefkindadoption vereinfachen. Das würde dann aber auch die Hetero-Stiefkindadoption betreffen, deswegen bin ich da, naja. Ich finde, es ist etwas anderes, ob ich in eine Partnerschaft komme, wo es schon ein Kind gibt, oder ob ich ein Kind in einer Partnerschaft plane. Ich finde, da gibt es einen Unterschied und da könnte man diese Unterscheidung auch machen. Das passiert nicht zufällig, dass diese Frauen schwanger werden. Das passiert bewusst so und ist gewollt. Da dürfte man dann etwas Tempo dranlegen." (Interview 5)

Ob die Stadt Dortmund zu einer Veränderung der politischen Situation beitragen kann, sehen die Paare gespalten: Zwei Paare glauben, dass nur auf Bundesebene Veränderungen stattfinden können; 2 weitere Paare äußern hingegen, dass die Stadt Dortmund durch eine Vorbildfunktion auf lokalpolitischer Ebene agieren kann.

Wie bereits erwähnt, sieht ein Großteil der Befragten die Koordinierungsstelle für Lesben, Schwule und Transidente der Stadt Dortmund als Bereicherung und auch als politisches Zeichen für mehr Akzeptanz und für die Gleichstellung von gleichgeschlechtlichen Paaren mit Kindern an.

3.2.8 Wünsche und Anregungen

Die abschließende Frage nach Wünschen und Anregungen der Paare gestaltet sich als ein sehr individueller und teilweise auch persönlicher Abschluss des jeweiligen Interviews. Um den befragten Personen ein Sprachrohr bieten zu können, welches sie unter Umständen nicht oft oder nie erhalten, werden die ausgesprochenen Wünsche und Empfehlungen an dieser Stelle ausführlich behandelt und dargestellt.

Vier der 6 befragten Paare äußern ausdrücklich den Wunsch nach vereinfachten Formularen, in denen sie ihre Familienform wiederfinden können, und die unkomplizierte Eintragung von (in diesen Fällen) 2 Müttern in die Geburtsurkunde und andere Dokumente. Wie bereits erwähnt, besteht ein dringender Wunsch in der Änderung des Verfahrens der Stiefkindadoption, sodass sie bei gleichgeschlechtlichen Paaren mit gemeinsamem Wunschkind einfacher verläuft und außerdem ein einheitliches Verfahren mit ähnlichen Warte- bzw. Durchlaufzeiten entsteht:

„Einfach damit einem die Strukturen angeglichen werden, damit jedes Paar, egal ob 2 Männer, 2 Frauen wissen, worauf sie sich einlassen und dass es halt Möglichkeiten innerhalb der Verwaltung gibt, dass man 3 Monate, vielleicht auch 2 Wochen warten muss, ich weiß nicht, was da die Mindestgrenze ist, und es gibt, glaube ich, auch keine Höchstgrenze. Es gibt nur diese Zumutbarkeit. Es ist halt schlimm, wenn es mal 3 Monate und mal 1 ½ Jahre dauert, da kommt man sich wie eine schwierige Familie vor." (Interview 1).

Auch in Bezug auf andere Behörden und Ämter wünschen sich 2 Paare ausdrücklich, dass Mitarbeiter_innen es sich zum Thema machen könnten, auch kompliziertere Fälle gewissenhaft zu bearbeiten und nicht als ‚Sonderfall' abzuheften:

„Wenn ich jetzt an das Jugendamt oder andere Behörden denke, dann würde ich mir wünschen, dass die wirklich absolut bemüht sind, da mitzuarbeiten, nicht dass man dann noch den Eindruck hat, nur weil das jetzt ein Sonderfall ist und denen das alles zu kompliziert ist, dass die dann eher auf Ablehnung sind, sondern dass sie einfach mehr bemüht sind und sich vielleicht über das, was sie normal machen müssten hinaus noch mehr engagieren. Das wäre in vielen Fällen notwendig, dass man einfach mal eine Schippe drauflegt, weil der Fall einfach ein bisschen komplizierter ist. Und nicht einfach wegheften und es geht so weiter." (Interview 4).

Wie an anderer Stelle schon erwähnt, wünschen sich mehrere Paare die öffentliche Repräsentation des Familienmodells gleichgeschlechtlicher Paare mit Kindern, sodass das Modell gängiger wird und einen Platz im Weltbild der Gesellschaft findet. Eine Person wünscht sich, dass die Gesellschaft außerdem mehr auf das Wohl und Wohlergehen der Kinder achtet, als auf die Sexualität der Eltern:

> *„Ich wünsche mir, dass die Gesellschaft viel mehr auf das Wohl der Kinder guckt und es nicht an der Sexualität der Eltern festmacht, sondern einfach sieht: Da sind 2 Menschen, die sich lieben und die sich Kinder wünschen. Und da sollte man doch alles in die Wege leiten, dass diese Kinder ihren Weg gehen können, ganz egal in welches Bett wir steigen."* (Interview 4).

Aufgrund eines persönlichen Erlebnisses wünscht sich eine Person (politische) Veränderungen, die es Frauen erleichtern, an Sperma zu kommen und ihren Kinderwunsch zu ermöglichen:

> *„Ich weiß nicht, wie ich es stichhaltig oder gut formulieren kann. Auf der Suche nach einem Spender hätte ich mich fast mit HIV infiziert. Ich kann da erstmal nur rational reagieren: Ich wünsche mir an der Stelle vom Gesetzgeber mehr Hilfe oder so etwas. Dass es in Deutschland leichter möglich sein müsste, an sauberes Sperma zu kommen für Lesben, unverpartnert oder verpartnert. Wieso muss ich nach Holland zur Samenbank gehen? Warum ist das so schwer in Deutschland? Mein Kinderwunsch hat dazu geführt, dass ich mich fast mit einer lebensverkürzenden Krankheit infiziert hätte. Und das, weil mich kein Gynäkologe ordentlich versorgt oder an der Stelle bei der Befruchtung unterstützt."* (Interview 5).

Ein weiterer Wunsch besteht darin, das Familienkonzept von Regenbogenfamilien in Lehrmaterial einzubauen, sodass Kinder verschiedene Lebenskonzepte und Familienmodelle kennenlernen und diese in ihr Weltbild aufnehmen:

> *„Was ich mir noch wünschen würde, vielleicht, wäre, dass gerade in der Schule oder im Kindergarten bei den Pädagogen und Lehrern das mit aufgenommen wird, dass es diese Familienform gibt. Es ist immer noch alles sehr heterosexuelllastig, bei den Texten und Sachaufgaben und Lesesachen. Dass man da vielleicht mal eine Geschichte einbaut mit einem*

gleichgeschlechtlichen Elternpaar oder eine Großfamilie mit 2 Männer und 2 Frauen. Wenn man das ab und zu miteinbauen würde, dann würde das schon reichen, damit Kinder damit aufwachsen und das ab und zu mal hören. Dann ist das auch normal. Das wäre schön, wenn man als Regenbogenfamilie mit erwähnt wird." (Interview 6).

Ein weiterer Wunsch der Pflegeeltern ist Werbung und Befürwortung von Pflegeelternschaft sowohl in der Gay-Community[8] als auch in der Gesellschaft generell, ebenso wie das politische Signal an gleichgeschlechtliche Paare, dass sie als Pflegeeltern erwünscht sind.

3.2.9 Zusammenfassung der Ergebnisse

Die befragten Personen befinden sich alle in einer mehrjährigen Partnerschaft, welche entweder schon eingetragen wurde oder in Zukunft möglicherweise noch eingetragen wird. Als Gründe für die (mögliche) Eintragung der Lebenspartnerschaft werden 2 Hauptmotivationen deutlich: die gewollte Durchführung einer Stiefkindadoption und ideelle und romantische Hintergründe.

Die Entstehungswege der Familien sind durch individuelle Vorstellungen geplant und durchgeführt worden. Es zeigt sich die Vielseitigkeit von Regenbogenfamilien. Die Hälfte der Paare hat auf diesem Weg keine Hindernisse wahrgenommen, die andere Hälfte (Frauenpaare) beschreibt die Suche nach einem Samenspender bzw. das Gelangen an Sperma als Hindernis. Die Paare, die ihren Kinderwunsch nach außen getragen haben, erhielten Unterstützung von Freunden und Bekannten.

Entsprechend der unterschiedlichen Entstehungswege der Familien sind auch die Familienmodelle sehr vielseitig. Die Hälfte der Befragten benutzt den Begriff Regenbogenfamilie, um das Familienmodell nach außen hin zu beschreiben, 3 Personen benutzen den Begriff nur eingeschränkt, 3 weitere Personen benutzen den Begriff gar nicht. Außerdem muss der Begriff für die meisten heterosexuellen Menschen erklärt werden. Der Begriff Co-Mutter wird von der Mehrheit der Frauenpaare nicht benutzt, die Minderheit benutzt ihn, um das Familienmodell zu erklären. Keine der Frauen kann sich mit dem Begriff identifizieren. Zur Familie zählen die befragten Personen entweder nur das Paar und das Kind (2 Paare), das Paar, das Kind und die Herkunftsfamilien des Paares (2 Paare) oder das Paar, das Kind und die Väter des Kindes (1 Paar) bzw. den Vater des Kindes und dessen Familie (1 Paar). Weitere

---

8 Gay-Community: Engl. Begriff für lesbisch-schwule Gemeinschaft

bedeutende Personen sind die Großeltern des Kindes bzw. die Herkunftsfamilien des Paares, sofern sie nicht zur eigentlichen Familie gezählt werden.

Alle Paare, die in einer Eingetragenen Lebenspartnerschaft leben und ein gemeinsam geplantes Kind haben, haben eine Stiefkindadoption durchführen lassen. Als Gründe hierfür werden die Regelung der gleichwertigen Elternschaft und die Absicherung im Notfall genannt. Alle diese Paare sind mit der Stiefkindadoption zufrieden. Die Rolle des biologischen Vaters bzw. der Herkunftsfamilie des Kindes ist abhängig vom Entstehungsweg der Familie, jedoch hat kein biologischer Vater oder die Herkunftsfamilie Entscheidungs- oder Erziehungsbefugnis und somit keine aktive Rolle im Familienleben.

Die Alltagsstruktur kennzeichnet sich bei der Mehrheit der Paare dadurch, dass beide Elternteile arbeiten gehen, entweder beide in Vollzeit (3 Paare), beide in Teilzeit (1 Paar) oder ein Teil in Vollzeit und ein Teil in Teilzeit (1 Paar). In diesen Familien wird das Kind in einer Einrichtung betreut oder beschult. Bei einem Paar ist ein Elternteil in Elternzeit, der andere arbeitet in Vollzeit. Die restliche Zeit des Tages bzw. der Woche wird in allen Familien gemeinsam verbracht. Anfallende Aufgaben werden entweder nach Vorliebe verteilt, gemeinsam oder abwechselnd erledigt oder deren Übernahme gestaltet sich, bedingt durch die unterschiedlichen Arbeitszeiten der Paare, individuell. Auch der Umfang der Aufgabenübernahmen orientiert sich am Umfang der Erwerbstätigkeit. In keiner der Partnerschaften wird durch die beiden Elternteile eine Rollenverteilung wahrgenommen. Der Erziehungsstil der Eltern wird unterschiedlich beschrieben. Neben der Bedeutung von Werten wie Struktur und Regelmäßigkeit, persönlicher Stärkung, Gewaltfreiheit und Kindgerechtigkeit werden Erziehungssituationen intuitiv gehandhabt. Alle Kinder, die alt genug sind und über die gewissen kognitiven Fähigkeiten verfügen, sind über die Besonderheit des Familienmodells aufgeklärt; jedoch ist den Eltern nicht immer klar, ob diese Besonderheit vom Kind, da es diese ja nicht als solche empfindet, auch verstanden wird. Alle Kinder gehen mit ihrem Familienmodell selbstverständlich und normal um. Die Beziehung zu ihrem Kind beschreiben die Paare individuell und mit unterschiedlichen Attributen. Alle befragten Personen sind mit ihrem Familienleben zufrieden.

Alle Paare treten in der Öffentlichkeit selbstverständlich als Familie auf, bis auf eine Person, die ihr Familienmodell am Arbeitsplatz nicht offen kommuniziert. Die Mehrheit der Paare hat im Zuge der Stiefkindadoption den Kontakt mit dem Jugendamt Dortmund sehr individuell und auf ihre subjektive Situation bezogen auch negativ empfunden. Die Erfahrungen mit dem Pflegekinderdienst werden als positiv beschrieben. Probleme werden bezüglich des Ausfüllens von Formularen bekundet, da die Familienform hier nicht wiedergefunden wird. Vor allen Dingen in der Geburtsurkunde des Kindes wird dies als störend empfunden. Die Mehrheit der Paare hat Familienangebote der Stadt Dortmund in Anspruch genommen. Außerdem haben alle Familien in unterschiedlicher Art und in unterschiedlichem Umfang Kontakt zu homo- und heterosexuellen Paaren mit Kindern. Die Paare mit leiblichen Kindern erachten den Kontakt ihres Kindes zu anderen Regenbogenfamilien als wichtig. Keine der befragten Personen fühlt sich als Teil einer Regenbogenfamilie in der Öffentlichkeit von der Stadt Dortmund repräsentiert. Die Hälfte der Befragten wünscht sich dies. Alle Interviewpartner_innen sind mit der Stadt Dortmund als ihrem Lebens- und Wohnort zufrieden.

Die befragten Personen haben mit ihrer Familienform im Umfeld bisher nur positive Erfahrungen gemacht. Von negativen und diskriminierenden Erfahrungen wird eher auf struktureller Ebene, wie z. B. dem Steuerrecht oder den teilweise eher unverhältnismäßig langwierigen Prozessen im Jugendamt, berichtet. Generell wird die Gesellschaft zum Thema gleichgeschlechtlicher Elternschaft durchwachsen eingeschätzt: Sowohl positive Eigenschaften wie Offenheit und Lockerheit als auch negative Eigenschaften wie Voreingenommenheit und Misstrauen werden der Gesellschaft zugeordnet. Falls das Kind diskriminierende Erfahrungen bezüglich der Familienform machen sollte, wollen dem alle Familien mit Offenheit entgegentreten.

Die politische Situation zum Themenkreis gleichgeschlechtlicher Elternschaft wird von allen Paaren als unzureichend und nicht zufriedenstellend dargestellt. Eine völlige Gleichstellung homosexueller Paare, inklusive finanzieller Gleichberechtigung und gemeinsamen Adoptionsrechts für gleichgeschlechtliche Paare, würde dies ändern. Die Stadt Dortmund könnte hierzu aus Sicht der Befragten durch eine Vorbildfunktion beitragen, was sich auch auf bundesweite Entscheidungen auswirken könnte.

3.3 Diskussion

Nachdem im empirischen Teil der Arbeit Dortmunder Regenbogenfamilien zu ihrem Familienleben befragt worden sind, werden nun die durch die Interviews gewonnenen Ergebnisse mit den Erkenntnissen des theoretischen Teils verglichen und dadurch nicht nur ein Einblick in die Lebenswelt gleichgeschlechtlicher Paare mit Kindern aus Dortmund gegeben, sondern auch die breitere Relevanz der Aussagen der befragten Personen herausgearbeitet.

3.3.1 Familienentstehung und Familienmodelle

In zahlreichen zuvor geführten Studien wird zwischen Familien mit Kindern aus heterosexueller Vergangenheit und Familien mit Kindern, die in die bestehende, gleichgeschlechtliche Beziehung geboren werden, unterschieden (Kapitel 2.2). Die vorliegende Dortmunder Studie verzichtet aufgrund der Auswahl der Interviewpartner_innen über die Koordinierungsstelle für Lesben, Schwule und Transidente bewusst auf diese Trennung. Tatsächlich haben aber alle teilnehmenden Paare ihre Kinder entweder in die bestehende gleichgeschlechtliche Beziehung geboren oder aus einer vorangegangenen gleichgeschlechtlichen Beziehung in eine neue mitgebracht. Dies kann zum einen daran liegen, dass, wie Rupp betont, gleichgeschlechtliche Paare mit gemeinsamen Wunschkindern einen immer größeren Anteil der Familien mit gleichgeschlechtlichen Eltern ausmachen (vgl. Rupp/Dürnberger 2010: 72; Rupp 2009a: 87). Zum anderen kann ein weiterer Grund sein, dass gleichgeschlechtliche Paare mit Kindern aus heterosexueller Vergangenheit den Kontakt zu (Beratungs-)Angeboten, wie der Koordinierungsstelle für Lesben, Schwule und Transidente der Stadt Dortmund, weniger häufig suchen und deshalb als Interviewpartner_innen schlicht nicht zur Verfügung standen. Nichtsdestotrotz zeigt die Untersuchung, wie vielfältig die Entstehungswege von gleichgeschlechtlichen Paaren mit Kindern sind, was auch schon der theoretische Teil dieses Buches andeutete: Keines der Kinder der befragten Paare ist auf dem gleichen Wege entstanden.

Neben der im Theorieteil dargestellten langen und überlegten Planungsphase der Familienentstehung, welche in allen Gesprächen mit Regenbogenfamilien in Dortmund deutlich wird, wird im theoretischen Teil ebenfalls klar, vor welchen Hürden Lesben und Schwule stehen, wenn sie gemeinsam Kinder bekommen wollen. Diese Hürden kristallisierten sich ebenfalls in den Gesprächen mit gleichgeschlechtlichen Paaren mit Kindern aus Dortmund heraus: Die komplizierte Suche nach einem geeigneten Spender, der Umweg über eine ausländische Samenbank, sowie die subjektiv empfundene Ungleichbehandlung bei Adoptionen (und Stiefkindadoptionen) stellen bedeutende und als belastend zu wertende Aspekte auf dem Weg der Familienentstehung der befragten Paare dar.

Auch die im theoretischen Teil dargelegte intensive Phase der Familienplanung, in der Überlegungen gemacht und Entscheidungen getroffen werden müssen, lässt sich in den Gesprächen wiederfinden: Die Mehrheit der Paare hat auf dem Weg zur letztendlichen Familienentstehung viele Ideen durchdacht, Pläne verworfen und neue Versuche gestartet.

Genauso wie die Vielfalt der Wege, auf denen Familien entstehen, wurde auch die daraus resultierende Vielfalt der Familienmodelle deutlich, was sich mit den Darstellungen im Theorieteil (Kapitel 2.2) deckt.

Während wissenschaftliche Diskurse und Studien den Begriff der Co-Mutter bei lesbischen Paaren mit Kindern benutzen, zeigen die geführten Interviews, dass sich keine der nichtleiblichen Mütter mit diesem Begriff identifizieren kann und er allenfalls dazu benutzt wird, die Familienform für Außenstehende zu erklären. Hier zeigt sich eine deutliche Diskrepanz zwischen theoretischen Annahmen und vorliegenden empirischen Befunden und es entsteht die Vermutung, dass die außenstehende Gesellschaft Begriffe schafft, um ihr bisher unbekannte Strukturen zu beschreiben, diese Begriffe aber nicht zwangsläufig dem entsprechen, wie sich das bisher Unbekannte, in diesem Fall die nichtleiblichen Mütter (und auch nichtleiblichen Väter), fühlen und selbst wahrnehmen. Wir schlagen daher den Begriff der sozialen Elternschaft als Alternative vor.

3.3.2 Familienalltag

Bezogen auf den Familienalltag wurden im theoretischen Teil die Aufgabenverteilung (Kapitel 2.4.1), die Ausgestaltung der Elternrollen und das Erziehungsverhalten (Kapitel 2.4.2) sowie die Beziehung zwischen Eltern und Kind (Kapitel 2.5) behandelt.

Rupp spricht in ihrer Untersuchung von egalitärer Aufgabenverteilung in gleichgeschlechtlichen Partnerschaften mit Kindern, welche die Erwerbsarbeit, kindbezogene Tätigkeiten und Aufgaben im Haushalt umfasst (vgl. Rupp 2009a: 295). Die vorliegende Untersuchung in der Stadt Dortmund kommt zu ähnlichen Ergebnissen: Auch hier lässt sich eine egalitäre Aufgabenteilung erkennen. In der Mehrheit der Familien sind beide Elternteile erwerbstätig, was die höhere Erwerbspartizipation (vgl. ebd.) widerspiegelt. Außerdem lässt sich zwar erkennen, dass leibliche Elternteile vor allen Dingen im sehr jungen Alter der Kinder häufiger zu Hause bleiben, aber auch hier ist eine Ausnahme vertreten, da in einer Familie nur der nichtleibliche Elternteil in Elternzeit gegangen ist. Dies stellt zwar keine repräsentative Ausnahme dar, doch wird hier deutlich, dass gleichgeschlechtliche Paare soziale und leibliche Elternschaft individuell wahrnehmen und gestalten.

Egalitäre Aufgabenteilung bezüglich sowohl kindbezogener Tätigkeiten als auch Aufgaben im Haushalt lassen sich ebenso in der Dortmunder Untersuchung finden.

Bezüglich der Ausgestaltung der Elternrollen und des Erziehungsverhaltens decken sich die Ergebnisse der Untersuchung ebenfalls mit den Erkenntnissen der theoretischen Behandlung: Bei den befragten Paaren lassen sich keine Differenzierungen zwischen sozialer und leiblicher Elternschaft und der jeweiligen Erziehungsbeteiligung feststellen. Auch betonen einige Eltern, dass sie bei ihrem Kind keinen Unterschied in der Wahrnehmung der Elternrollen feststellen können.

Das nicht vorhandene traditionelle Rollenbild für die Familienform der gleichgeschlechtlichen Paare mit Kindern (vgl. Thorn 2010: 380), welches im theoretischen Teil angesprochen wird, kann während der Gespräche mit den Dortmunder Paaren als Vorteil gewertet werden, da innovative und individuelle Ausgestaltungen der Elternrollen erkennbar sind.

Zum Themenblock Beziehung zwischen Eltern und Kind ist zu sagen, dass die vorliegende Untersuchung nicht zwischen leiblicher und sozialer Elternschaft differenziert und somit kein Vergleich der Beziehungen der jeweiligen Elternteile zu ihrem Kind, wie im theoretischen Teil, stattfinden kann. Wie aber bereits erwähnt wurde, berichten die Eltern nicht von Unterschieden zwischen sozialem und leiblichem Elternteil, sondern von gleichberechtigten Erziehungsfunktionen, was auch auf ähnliche Beziehungen zwischen sozialem und leiblichem Elternteil schließen lässt.

Da in der vorliegenden Untersuchung nur die aktuellen Kernfamilien mit Kindern aus einer gleichgeschlechtlichen Partnerschaft teilgenommen haben und nicht der jeweils eventuell erweiterte Familienkreis, kann weiterhin nicht überprüft werden, wie sich die Beziehung zwischen leiblichen, extern lebendem Elternteil und Kind gestaltet und ob sich diese Beziehung auf die Beziehung zwischen Kind und neuem Elternteil aus der gleichgeschlechtlichen Elternschaft auswirkt.

3.3.3 Gesellschaft und Umfeld

Die Auseinandersetzungen mit Reaktionen der Gesellschaft und des Umfeldes auf das Familienkonzept gleichgeschlechtlicher Paare mit Kindern lassen sich im theoretischen Teil des Buches unter dem Aspekt der Diskriminierungserfahrungen wiederfinden (Kapitel 2.6.1). Während Rupp berichtet, dass rund die Hälfte aller gleichgeschlechtlichen Paare Diskriminierungserfahrungen im Kontext ihrer Familienform machen (vgl. Rupp 2009a: 149), zeigt der empirische Teil, dass die befragten Personen überwiegend positive Erfahrungen mit ihrem Familienmodell erleben und nicht von (direkter) Diskriminierung sprechen. Dennoch lassen sich aber auch in der Dortmunder Studie Aspekte von struktureller oder institutioneller Diskriminierung finden, z. B. bei subjektiv empfundener Ungleichbehandlung durch das Jugendamt oder innerhalb des Steuerrechtes, von denen auch Herrmann-Green berichtet (vgl. Herrmann-Green o. J.: 10).

Neben den Diskriminierungserfahrungen der Eltern berichtet Rupp in rund der Hälfte der Fälle von Diskriminierungserfahrungen der Kinder gleichgeschlechtlicher Eltern (vgl. Rupp 2009a: 258). Genauso wie diskriminierende Erfahrungen der Eltern lassen sich diese bei Kindern in der Dortmunder Untersuchung nicht feststellen, was sich aber eventuell zum Teil auch auf das noch junge Alter der Kinder zurückführen lässt. Bezüglich des Umgangs mit in Zukunft eventuell negativen Erfahrungen des Kindes im Kontext der Familienform wollen alle befragten Eltern Offenheit auf verschiedenen Ebenen an den Tag legen. Dies kann sich zum einen in der von Herrmann-Green dargestellten *maintaining open communication*, also der offenen Kommunikation mit dem Kind vollziehen. Zum anderen lassen sich bei den befragten Paaren weitere Strategien, wie der *valuing diversity* und dem *normalizing* (vgl. Herrmann-Green/Herrmann-Green 2008: 328) der Familienform durch den Kontakt zu anderen gleichgeschlechtlichen Paaren mit Kindern, feststellen. Die Strategien der befragten Paare decken sich ebenso mit den Erkenntnissen von Rupp, wie gleichgeschlechtliche Eltern mit Diskriminierungserfahrungen ihrer Kinder umgehen (vgl. Rupp 2009a: 154f.).

Der von Gerlach beschriebene Prozess des Coming Outs im Kontext der Familie (vgl. Gerlach 2010: 297f.) wird während eines Gesprächs explizit von einer Person angesprochen: Hat eine homosexuelle Person mit einer gleichgeschlechtlichen Person eine Familie gegründet, so wird das Coming Out zu einem Prozess, der stetig in Gang bleibt, da sich gleichgeschlechtliche Paare mit Kindern in Interaktion und Kommunikation mit der Gesellschaft immer wieder erklären müssen. Dies hängt damit zusammen, dass aufgrund einer heterosexistischen und heteronormativen Prägung der Gesellschaft bei Familien davon ausgegangen wird, dass eine Frau, die ein Kind hat, dieses mit einem Mann bekommen hat und umgekehrt.

3.3.4 Politische und gesetzliche Ebene

Die zu Beginn des Buches beschriebenen gesetzlichen Rahmenbedingungen für gleichgeschlechtliche Paare mit Kindern haben gezeigt, dass trotz der Einführung des Lebenspartnerschaftsgesetzes in 2001 rund 13 Jahre später keine vollständige Gleichstellung zwischen der Ehe zwischen Frau und Mann und der Eingetragenen Lebenspartnerschaft eines gleichgeschlechtlichen Paares besteht und dadurch auch die Kinder gleichgeschlechtlicher Paare betroffen sind. Die unzureichende politische

Situation zum Themenkreis gleichgeschlechtlicher Elternschaft lässt sich während aller Gespräche mit gleichgeschlechtlichen Paaren mit Kindern in Dortmund wiederfinden. Eine vollständige Gleichstellung umfasst neben der finanziellen Gleichstellung im Steuerrecht und der Möglichkeit der gemeinsamen Adoption auch das Wiederfinden der Familienform in Formularen, sodass dort zum Beispiel nicht die Angaben nach Mutter und Vater, sondern nach Elternteil 1 und Elternteil 2 oder nach Eltern zu finden ist. Sowohl die steigenden Zahlen der Eingetragenen Lebenspartnerschaften als auch der Stiefkindadoptionen zeigt den stetigen Wunsch nach offizieller, rechtlicher und institutioneller Anerkennung der Lebens- und Familienform gleichgeschlechtlicher Paare mit und ohne Kinder.

Die Besonderheit der vorliegenden Studie liegt darin, dass sie in einer ausgewählten Stadt durchgeführt wurde und damit eine kommunale Untersuchung darstellt, die es in dieser Form noch nicht gegeben hat. Dementsprechend können Ergebnisse der Interviews, die sich auf das Familienleben im Lebens- und Wohnort Dortmund beziehen, nicht mit anderen Befunden verglichen werden. Trotzdem oder gerade deswegen ist es besonders wichtig, Ableitungen für die Stadt Dortmund vorzunehmen, die im Ausblick dieses Buches (Kapitel 5) formuliert werden.

4. Zusammenfassung

Die Studie vertieft noch einmal, was bisher in verschiedenen Untersuchungen über das Leben gleichgeschlechtlicher Paare mit Kindern herausgefunden wurde: Familienentstehung und Familienmodelle gleichgeschlechtlicher Partnerschaften mit Kindern orientieren sich an vielfältigen und individuellen Biographien, die vom Familienverständnis der Personen abhängen und einem aufwendigen Planungs- und Entscheidungsprozess unterliegen. Um eine Familie zu werden, haben sowohl lesbische Frauen als auch schwule Männer diverse Möglichkeiten, welche mit unterschiedlichen Schwierigkeiten und Hürden einhergehen. Ebenso ist das alltägliche Leben von Regenbogenfamilien individuell den Bedürfnissen ihrer Mitglieder angepasst. In gleichgeschlechtlichen Partnerschaften, in denen Kinder leben, lassen sich egalitäre Aufgabenverteilungen in Bezug auf Erwerbsarbeit, kindbezogene Aufgaben und Haushalt wiederfinden. Die Elternrollen und die Beziehung zwischen Eltern und Kind sind stark von den Biographien der Familien abhängig. So lassen sich Unterschiede finden zwischen Familien, in denen eine Partnerin oder ein Partner ein leibliches Kind aus einer vorherigen heterosexuellen Partnerschaft in eine neue Beziehung mitbringt und Familien, in denen gemeinsame Wunschkinder in die bestehende gleichgeschlechtliche Beziehung geboren werden. In Familien mit gemeinsamen Wunschkindern gestalten sich leibliche und soziale Elternschaft nach ähnlichen Mustern, die das Erziehungsverhalten, die Erziehungsverantwortung und Beziehung zwischen Eltern und Kind betreffen. Diskriminierungserfahrungen erleben zum Teil sowohl gleichgeschlechtliche Paare als auch ihre Kinder im Kontext der Familienkonstellation, doch gibt es für diese diverse Bewältigungsstrategien, genauso wie für den stetigen Prozess des Coming Outs im Kontext des Familienmodells in Beziehung mit der Außenwelt.

Der Blick auf gleichgeschlechtliche Paare, die zusammen mit ihren Kindern in der Stadt Dortmund leben, zeigt die Vielfältigkeit und Individualität von Familienentstehung und Familienmodellen. In den befragten Familien wurden alle Kinder in eine gleichgeschlechtliche Partnerschaft hinein geboren. Die Bedeutung der institutionellen und rechtlichen Anerkennung der Lebensform durch die Eingetragene Lebenspartnerschaft und die Stiefkindadoption wurde deutlich herausgearbeitet. Der Familienalltag ist strukturiert zum einen durch die Erwerbstätigkeit der Eltern und die Betreuung der Kinder in verschiedenen Einrichtungen und zum anderen durch die gemeinsame Zeit in den Abendstunden und am Wochenende. Auch bei den Dortmunder Familien lässt sich eine annähernd egalitäre Aufgabenverteilung finden. Auch die Gleichberechtigung und Gleichwertigkeit der Elternrollen innerhalb der Familie kommen in den Gesprächen zum Tragen. Hinweis hierfür ist unter anderem die Tatsache, dass sich keine nichtleibliche Mutter mit dem Begriff der Co-Mutter identifizieren kann. Die Aufklärung der Kinder über die Besonderheit der Familienform und die Auseinandersetzung mit der eigenen Biographie und Entstehung in Zusammenhang mit anderen Familienkonstellationen spielt bei allen Familien in der Gegenwart oder zukünftig eine Rolle.

In vielen Zusammenhängen wird die heteronormative Ausrichtung der Gesellschaft deutlich, in welcher Familien mit homosexuellen Eltern und Kindern auf Probleme im Alltag stoßen: Zwar reagieren privates Umfeld und Gesellschaft überwiegend positiv auf das Familienmodell der befragten gleichgeschlechtlichen Paare mit Kindern, jedoch bestehen immer noch strukturelle und gesetzliche Gegebenheiten, die eine Gleichbehandlung von homo- und heterosexuellen Paaren mit Kindern erschweren. Diese zeigen sich im Steuer- und Adoptionsrecht, aber auch beim Ausfüllen alltäglicher Formulare, in denen häufig noch nach Mutter und Vater des Kindes gefragte wird. Obwohl der Lebensort Dortmund für alle Familien als solcher zufriedenstellend ist, zeigen sich auch explizit hier Probleme, die gleichgeschlechtliche Paare mit Kindern betreffen. Sowohl Veränderungen auf Stadt- als auch Bundesebene durch Gesetze und Verwaltungsvorschriften scheinen notwendig, um eine Gleichberechtigung und Gleichbehandlung gleichgeschlechtlicher Paare mit Kindern zu ermöglichen und zu einem aufgeschlossenen, toleranten und selbstverständlichen Miteinander beizutragen.

5. Ausblick

Die vorliegende Untersuchung zu gleichgeschlechtlichen Paaren mit Kindern im Raum Dortmund hat gezeigt, dass die Familien mit ihrem Lebens- und Wohnort Dortmund zwar zufrieden sind, sie aber bezogen auf ihre Familienkonstellation und -form auch negative Erfahrungen in Dortmund gemacht haben oder sich als gleichgeschlechtliches Paar mit Kind Veränderungen wünschen.

Deutlich wurde vor allen Dingen, dass gleichgeschlechtliche Paare, die eine Stiefkindadoption durchgeführt haben, mehrheitlich eher negative Erfahrungen im Kontakt mit dem Jugendamt Dortmund gemacht haben. Besonders im Rahmen der Stiefkindadoption fühlten sich die befragten Paare mit ihren Lebensentwürfen nicht ernstgenommen und aus ihrer Sicht besonderer Prüfungen ausgesetzt. Die Dauer des Prozesses der Stiefkindadoptionen, gerade in Familien, in denen die Kinder in die Beziehung hineingeboren wurden, wird von den Einzelnen als unangemessen langwierig eingeschätzt.

Für die positive Entwicklung der Stadt Dortmund ist die Koordinierungsstelle für Lesben, Schwule und Transidente nicht nur eine sehr wichtige Anlaufstelle, sondern auch ein politisches Signal für mehr Gleichberechtigung und Sichtbarkeit.

Grundsätzlich bestand bei den Paaren der Wunsch, dass sich die Stadt Dortmund intensiver um gleichgeschlechtliche Paare mit Kindern im öffentlichen Leben bemüht und die Gleichstellung und Gleichbehandlung aller Familienkonstellationen ermöglicht werden sollte. Hierzu gehört nicht nur die Repräsentation aller Familienformen in der Öffentlichkeit, sondern auch die Veränderung von Formularen und Anträgen, sodass gleichgeschlechtliche Paare mit Kindern ihre Familienform wiederfinden können.

In der aktuellen Ausgabe der Zeitschrift für Lesben- und Schwulenpolitik fordert Ulrich, dass Stadtverwaltungen deutlicher Position beziehen sollten und wenn dem so ist, „… fühlen sich die zuständigen Mitarbeitenden ermutigt, ihre Ermessensspielräume etwa bei der bislang auf ein Jahr festgelegten Adoptionspflegezeit positiv zu nutzen. Die Sensibilisierung des städtischen Verwaltungspersonals durch Aus- und Fortbildungen ist generell erforderlich. Denn Erfahrungen zeigen, dass Regenbogenfamilien manchmal kompetente Angestellte treffen, aber viele Mitarbeitende in Jugend-, Gesundheits-, Schul- und Standesämtern haben wenig Erfahrung" (Ulrich 2014: 25).

Das von der Mehrheit der befragten Personen gewünschte Treffen mit anderen Regenbogenfamilien aus Dortmund wurde bereits Ende Oktober 2013 von der Koordinierungsstelle für Lesben, Schwule und Transidente der Stadt Dortmund ins Leben gerufen und wird aufgrund der hohen Resonanz zukünftig weiter stattfinden.

Soziale Arbeit kann in Bezug auf gleichgeschlechtliche Paare mit Kindern auf 3 verschiedenen Ebenen aktiv werden. Erstens liegt ein besonderer Aspekt darin, Aufklärungsarbeit zu leisten, da sich Soziale Arbeit immer in gewissem Maße auch als Aufklärungsarbeit versteht bzw. verstehen sollte. Es ist ihre Aufgabe, die (heteronormative) Gesellschaft über sexuelle Vielfalt und Vielfalt der Lebens- und Familienkonzepte aufzuklären und dadurch zu deren Gleichwertigkeit im Weltbild der Gesellschaft beizutragen. Zweitens kann Soziale Arbeit in der direkten Arbeit mit gleichgeschlechtlichen Paaren und deren Kindern tätig werden, indem sie Beratungsangebote erstellt sowohl bezüglich des Kinderwunsches als auch bezüglich möglicher Probleme im Alltagsleben. Ebenso kann sie die Vernetzung von Regenbogenfamilien untereinander unterstützen. Drittens und abschließend sollten Mitarbeiter_innen Sozialer Arbeit ihre eigene Einstellung zur (Menschenrechts-) Profession und zu ihrem Selbst- und Weltbild stetig reflektieren, um sicherzustellen, dass sie sich für eben diese Menschenrechte aller Individuen einsetzen.

Unzureichende gesetzliche Regelungen grenzen gleichgeschlechtliche Paare mit Kindern sowohl im alltäglichen Leben als auch im abstrakten Sinne aus. Aufgabe der Politik ist es hier, gesetzliche Grundlagen zu schaffen, welche die Gleichberechtigung aller Lebensformen nicht nur ermöglichen, sondern auch voraussetzen. Auf lange Sicht gesehen kann davon ausgegangen werden, dass das Verfassungsgericht zukünftig eine völlige Gleichberechtigung und Gleichstellung von Lesben und Schwulen, der Eingetragenen Lebenspartnerschaft und Regenbogenfamilien beschließen wird. Diesen Entscheidungen wird die Bundesregierung nachkommen müssen, unabhängig davon, welche Partei sich zu diesem Zeitpunkt an der Regierungsspitze befindet.

Neben den notwendigen Veränderungen auf gesetzlicher Ebene entstehen aber auch weniger abstrakte, sondern eher praktische Anforderungen an die Politik: Zum einen ist es wünschenswert und für völlige Gleichstellung und Gleichbehandlung unabdingbar, die Vielfältigkeit von Familienformen, welche gleichgeschlechtliche Paare mit Kindern einschließt, in pädagogisches Lehrmaterial einzubauen, sodass Kinder auf verschiedenen Ebenen lernen, dass soziales Leben und Lebenskonzepte individuell gestaltbar, aber gleich wertvoll sind. Gleichgeschlechtliche Paare mit Kindern können dadurch einen Platz im Weltbild der Kinder erlangen.

Ebenso wichtig ist die politische Regelung zu Weiterbildungen und Schulungen von pädagogischem Personal, sodass der Umgang mit Vielfältigkeit auf allen Ebenen, nicht nur im Klassenzimmer gelehrt werden kann und bei den Themen Familie und Partnerschaft nicht selbstverständlich ausschließlich heterosexuelle Personen und deren Familienmodell im Vordergrund stehen.

Ob nun Schwule und Lesben die besseren Eltern sind, fragt sich auch Katja Irle, Journalistin, in ihrem aktuellen Buch mit dem Titel „Das Regenbogenexperiment" und resümiert, dass sich hierzu erst eine Antwort geben lässt, wenn sich das Exotische im Thema auflöst und auch bei der Betrachtung von gleichgeschlechtlichen Paaren mit Kindern wahrgenommen wird, dass, wie in anderen Familien auch, Stabilität und Kontinuität von Beziehungen und eine Grundsicherung zum Lebensunterhalt entscheidender sind, als das, was die Eltern dieser Kinder im Bett tun (Irle, 2014: 209ff.).

Relevanter ist, laut Irle, wie offen Eltern in Regenbogenfamilien mit der Frage der Herkunft umgehen und wie und durch welche Rollenvorbilder die Identitätsentwicklung der Kinder unterstützt wird. Diese Frage ist allerdings auch für heterosexuelle Paare entscheidend, die Kinder mit Hilfe der Reproduktionsmedizin bekommen haben oder für Paare, die adoptiert haben oder Pflegekinder in ihrer Familie aufnehmen. Ein weniger aufgeregtes Thema also, als vielfach gesellschaftlich wahrgenommen (vgl. ebd.).

Trotzdem sind in der empirischen Auseinandersetzung mit dem Thema Fragen entstanden, die einer weiteren Bearbeitung bedürfen. Da die schwule Elternschaft ein Themenkomplex ist, der noch unzureichend erforscht ist, gehören beispielsweise Fragen nach dem expliziten Kinderwunsch und den Formen der Familienentstehung bei schwulen Paaren zu den noch offenen Fragen.

Auch bezüglich der Diskriminierungserfahrungen gleichgeschlechtlicher Paare mit Kindern gibt es einen erhöhten Forschungsbedarf. Untersuchungen hinsichtlich der Einstellung der Gesellschaft zu gleichgeschlechtlichen Paaren mit Kindern könnten zeigen, ob sich vermeintlich bestehende Vorurteile im Auflösungsprozess befinden oder ob das Gegenteil der Fall ist und wodurch Einstellungen zu dieser Thematik beeinflusst werden könnten. Hiermit hängt auch die Frage zusammen, ob gleichgeschlechtliche Paare mit Kindern für die übrige Gesellschaft überhaupt sichtbar sind und ob diese Sichtbarkeit bzw. Unsichtbarkeit Einstellungen beeinflussen kann.

Interessant wäre zudem auch eine fundierte wissenschaftliche Auseinandersetzung mit Einstellungen, Haltungen und Kenntnissen von Mitarbeiter_innen in Ämtern, Behörden und Institutionen zum Thema gleichgeschlechtliche Paare mit Kindern und die daraus entstehende Entwicklung von Konzepten und Handlungsstrategien im öffentlichen Sektor.

Literaturverzeichnis

Berger, W., Reisbeck, G., Schwer, P., 2000: Lesben – Schwule – Kinder. Eine Analyse zum Forschungsstand. Ministerium für Frauen, Jugend, Familie und Gesundheit des Landes Nordrhein-Westfalen, Düsseldorf.

Bergold, P., Rupp, M., 2011: Konzepte der Elternschaft in gleichgeschlechtlichen Lebensgemeinschaften. In: Rupp, M. (Hrsg.), 2011: Partnerschaft und Elternschaft bei gleichgeschlechtlichen Paaren. Verbreitung, Institutionalisierung und Alltagsgestaltung. Sonderheft 7 der Zeitschrift für Familienforschung. Verlag Barbara Budrich, Opladen & Farmington Hills. S. 119-146.

Bundesärztekammer, 2006: (Muster-)Richtlinie zur Durchführung der assistierten Reproduktion. Online: http://www.bundesaerztekammer.de/downloads/Ass-Repro.pdf (Stand: 19.08.2013)

Bundesverfassungsgericht, 2013a: Entscheidungen. Online: http://www.bundesverfassungsgericht.de/entscheidungen/ls20130219_1bvl000111.html (Stand: 23.11.2013)

Bundesverfassungsgericht, 2013b: Entscheidungen. Online: http://www.bundesverfassungsgericht.de/entscheidungen/rs20130507_2bvr090906.html (Stand: 07.08.2013)

Bundeszentrale für politische Bildung, 2010: Homosexualität und internationaler Menschenrechtsschutz. Online: http://www.bpb.de/gesellschaft/gender/homosexualitaet/38883/menschenrechte (Stand: 25.11.2013)

Carapacchio, I., 2009: Kinder in Regenbogenfamilien. Eine Studie zur Diskriminierung von Kindern Homosexueller und zum Vergleich von Regenbogenfamilien und heterosexuellen Familien. Ludwig-Maximilians-Universität, München. Online: http://edoc.ub.uni-muenchen.de/9868/1/Carapacchio_Ina.pdf (Stand: 31.07.2013)

DBSH – Deutscher Berufsverband für Soziale Arbeit e.V., 2009: Grundlagen für die Arbeit des DBSH e.V. Essen, Berlin.

Degele, N., 2008: Gender/Queer Studies. Wilhelm Fink Verlag, Paderborn.

Deutscher Bundestag, 2013: Gleichstellung von Lebenspartnerschaften im Steuerrecht einstimmig beschlossen. Online: http://www.bundestag.de/presse/hib/2013_06/2013_358/02.html (Stand: 07.08.2013)

Dudek, S., Harnisch, R., Haag, R., et al, 2007: Das Recht, anders zu sein. Menschenrechtsverletzungen an Lesben, Schwulen und Transgender. Querverlag, Berlin.

Dürnberger, A., 2011: Die Verteilung elterlicher Aufgaben in lesbischen Partnerschaften. In: Rupp, M. (Hrsg.), 2011: Partnerschaft und Elternschaft bei gleichgeschlechtlichen Paaren. Verbreitung, Institutionalisierung und Alltagsgestaltung. Sonderheft 7 der Zeitschrift für Familienforschung. Verlag Barbara Budrich, Opladen & Farmington Hills. S. 147-166.

Eggen, B., 2010: Gleichgeschlechtliche Lebensgemeinschaften ohne und mit Kindern: Soziale Strukturen und künftige Entwicklungen. In: Funcke, D., Thorn, P., (Hrsg.), 2010: Die gleichgeschlechtliche Familie mit Kindern. Interdisziplinäre Beiträge zu einer neuen Lebensform. Transcript Verlag, Bielefeld. S. 37-60.

Eggen, B., Rupp, M., 2011: Gleichgeschlechtliche Paare und ihre Kinder: Hintergrundinformationen zur Entwicklung gleichgeschlechtlicher Lebensformen in Deutschland. In: Rupp, M. (Hrsg.), 2011: Partnerschaft und Elternschaft bei gleichgeschlechtlichen Paaren. Verbreitung, Institutionalisierung und Alltagsgestaltung. Sonderheft 7 der Zeitschrift für Familienforschung. Verlag Barbara Budrich, Opladen & Farmington Hills. S. 23-37.

Erlanger Samenbank, o. J.: Samenspende für lesbische Paare. Online: http://www.erlanger-samenbank.de/aktuelles/samenspende-fr-lesbische-paare (Stand: 19.08.2013)

Etschenberg, K., 2011: Sozialerziehung im Biologieunterricht. In: Limbourg, Maria/Steins, Gisela (Hrsg.), 2011: Sozialerziehung in der Schule. VS Verlag für Sozialwissenschaften, Wiesbaden. S. 239-262

Flick, U., 2012: Qualitative Sozialforschung – Eine Einführung. 5. Auflage, rowohlts enzyklopädie, Reinbek bei Hamburg.

Frohn, D., Herbertz-Floßdorf, M., Wirth, T., 2011: Wir sind Eltern! Eine Studie zur Lebenssituation von Kölner Regenbogenfamilien. Stadt Köln (Hrsg.), 2011 Köln. Online: http://www.lsvd.de/fileadmin/pics/Dokumente/family/Studie-Wir-sind-Eltern2011-finale_Version.pdf (Stand 23.11.2013)

Gartrell, N., Hamilton J., Banks, A., et al, 1996: The national lesbian family study: 1. Interviews with prospective mothers. In: American Journal of Orthopsychiatry 1996, Vol. 66. S. 272-281. Online: http://www.nllfs.org/images/uploads/pdf/NLLFS-1-interviews-with-prospective-mothers-1996.pdf (Stand: 06.08.2013)

Gartrell, N., Hamilton, J., Banks, A., et al, 1999: The national lesbian family study: 2. Interviews with mothers of toddlers. In: American Journal of Orthopsychiatry 1999, 69. S. 362-369. Online: http://www.nllfs.org/images/uploads/pdf/NLLFS-2-interviews-with-mothers-of-2-year-olds-1999.pdf (Stand: 06.08.2013)

Gartrell, N., Banks, A., Reed, N., et al, 2000: The national lesbian family study: 3 Interviews with mothers of five-year-olds. In: American Journal of Orthopsychiatry 2000, Vol. 70. S. 542-548. Online: http://www.nllfs.org/images/uploads/pdf/NLLFS-3-interviews-with-mothers-of-5-year-olds-2000.pdf (Stand. 06.08.2013)

Gartrell, N., Deck, A., Rodas, C., et al, 2005: The national lesbian family study: 5. Interviews with the 10-year-old children. In: American Journal of Orthopsychiatry 2005, Vol. 75. S. 518-524. Online: http://www.nllfs.org/images/uploads/pdf/NLLFS-4-interviews-with-10-year-olds-2005.pdf (Stand: 06.08.2013)

Gartrell, N., Bos, H., 2010: US National Longitudinal Lesbian Family Study: Psychological Adjustment of 17-Year-old Adolescents. In: Pediatrics 2010, Vol. 126 (1). S. 1-9. Online: http://www.nllfs.org/images/uploads/pdf/NLLFS-psychological-adjustment-17-year-olds-2010.pdf (Stand: 06.08.2013)

Gerlach, S., 2010: Regenbogenfamilien. Querverlag, Berlin.

Golombok, S., Perry, B., Burston, A., et al, 2003: Children With Lesbian Parents: A Community Study. In: Developmental Psychology 2003, Vol. 39. S. 20-33.

Hartmann, J., Klesse, C., 2007: Heteronormativität. Empirische Studien zu Geschlecht, Sexualität und Macht. In: Hartmann, J., Klesse, C., Wagenknecht, P., Fritzsche, B., Hackmann, K., (Hrsg.), 2007: Heteronormativität. Empirische Studien zu Geschlecht, Sexualität und Macht. VS, Wiesbaden. S. 9-15.

Herrmann-Green, L., Herrmann-Green, M., 2008: Familien mit lesbischen Eltern in Deutschland. In: Zeitschrift für Sexualforschung, Vol. 21 (4) 2008. Thieme Verlag, Stuttgart. S.319-340.

Herrmann-Green, L., Herrmann-Green, M., 2010: Lesbische Familien nach Samenspende: Gestaltungsmöglichkeiten und Herausforderungen doppelter Mutterschaft. In: Funcke, D., Thorn, P., (Hrsg.), 2010: Die gleichgeschlechtliche Familie mit Kindern. Interdisziplinäre Beiträge zu einer neuen Lebensform. Transcript Verlag, Bielefeld. S. 253-283.

Herrmann-Green, L., (o. J.): Lesben mit Kinderwunsch: Eine ethische Herausforderung für die Reproduktionsmedizin? Online: http://kops.ub.uni-konstanz.de/bitstream/handle/urn:nbn:de:bsz:352-opus-106002/Green_Lisa_a.pdf?sequence=1 (Stand: 06.07.2013)

Herrmann-Green, L., Gehring, T., 2012: The German Lesbian Family Study: Planning for Parenthood via Donor Insemination. In: Tasker, F., Bigner, J., (Hrsg.), 2012: Gay and Lesbian Parenting: New Directions. Routledge, New York.

Irle, K. 2014: Das Regenbogenexperiment. Sind Schwule und Lesben die besseren Eltern? Beltz Verlag, Weinheim und Basel.

Jansen, E., Steffens, M.C., 2006: Lesbische Mütter, schwule Väter und ihre Kinder im Spiegel psychosozialer Forschung. Verhaltenstherapie & Psychosoziale Praxis Vol. 38 (3). S. 643-656. Online: http://www.lsvd.de/fileadmin/pics/Dokumente/Lebensformen/01-Artikel_VPP-Sonderheft_-_Jansen_und_Steffens-_2006.pdf (Stand: 31.07.2013)

Jennessen, S., Kastirke, N., Kotthaus, J., 2013: Diskriminierung im vorschulischen und schulischen Bereich. Eine sozial- und erziehungswissenschaftliche Bestandsaufnahme. Berlin (Expertise im Auftrag der „Antidiskriminierungsstelle des Bundes").

Kastirke, N., Kotthaus, J., 2014: Jugendliche Sexualität und sexuelle Identität. In: Hagedorn, J., (Hrsg.), 2014: Jugend, Schule und Identität. Springer VS Verlag, Heidelberg. S. 265-283.

Lenz, I., Sabisch, K., Wrzesinski, M., 2012: „Anders und Gleich in NRW" – Gleichstellung und Akzeptanz sexueller und geschlechtlicher Vielfalt. Forschungsstand, Tagungsdokumentation, Praxisprojekte. Studien Netzwerk Frauen- und Geschlechterforschung NRW Nr. 15. Online: http://www.dominicfrohn.de/downloads/Studie-15-Netzwerk-FGF-Vielfalt.pdf (Stand: 31.07.2013)

Matthias-Bleck, H., 2006: Jenseits der Institutionen? Lebensformen auf dem Weg in die Normalität. Familie und Gesellschaft, Band 17, Ergon Verlag, Würzburg. S. 235-332.

Mayring, P., 2002: Einführung in die qualitative Sozialforschung. 5. Auflage. Beltz Verlag, Weinheim und Basel.

Mayring, P., 2010: Qualitative Inhaltsanalyse – Grundlagen und Techniken. 11. Auflage. Beltz Verlag, Weinheim und Basel.

Opp, G., Fingerle, M., Freytag, A., (Hrsg.) 1999: Was Kinder stärkt. Erziehung zwischen Risiko und Resilienz. Ernst Reinhardt Verlag, München, Basel.

Rupp, M. (Hrsg.), 2009a: Die Lebenssituation von Kindern in gleichgeschlechtlichen Lebenspartnerschaften. Bundesanzeigerverlag, Köln.

Rupp, M., 2009b: Regenbogenfamilien. In: Bundeszentrale für politische Bildung (Hrsg.), 2009: Lebensentwürfe. Aus Politik und Zeitgeschichte, 41/2009, Bonn. S. 25-30.

Rupp, M., Dürnberger, A., 2010: Wie kommt der Regenbogen in die Familie? Entstehungszusammenhang und Alltag von Regenbogenfamilien. In: Funcke, D.,

Thorn, P., (Hrsg.), 2010: Die gleichgeschlechtliche Familie mit Kindern. Interdisziplinäre Beiträge zu einer neuen Lebensform. Transcript Verlag, Bielefeld. S. 61-98.

SEJ Samenbank Berlin GmbH, o. J., Online: http://www.samenbank-berlin.de/ (Stand: 19.08.2013)

Statistisches Bundesamt 2011: Deutschlandweit rund 23.000 eingetragene Lebenspartnerschaften. Online: https://www.destatis.de/DE/PresseService/Presse/Pressemitteilungen/zdw/2011/PD11_025_p002.html (Stand: 12.08.2013)

Statistisches Bundesamt 2013: Zensus 2011: 80,2 Millionen Einwohner lebten am 9. Mai 2011 in Deutschland. Online: https://www.destatis.de/DE/PresseService/Presse/Pressemitteilungen/2013/05/PD13_188_121.html (Stand: 12.08.2013)

Streib-Brzič, U, Quadflieg, C., 2011: School is Out?! Vergleichende Studie „Erfahrungen von Kindern aus Regenbogenfamilien in der Schule" durchgeführt in Deutschland, Schweden und Slowenien. Teilstudie Deutschland. Humboldt-Universität zu Berlin, Berlin. Online: https://www.gender.hu-berlin.de/rainbowchildren/downloads/studie/siodt (Stand: 2.08.2013)

Thorn, P., 2010: Lesbische Mütter als Pioniere – Ein Beitrag zur psychosozialen Beratung im Vorfeld ihrer Familienbildung mit Samenspende. In: Funcke, D., Thorn, P., (Hrsg.), 2010: Die gleichgeschlechtliche Familie mit Kindern. Interdisziplinäre Beiträge zu einer neuen Lebensform. Transcript Verlag, Bielefeld. S. 369-398.

Ulrich, M., 2014: Regenbogenfamilienfreundliche Stadt. Damit sich alle Familien zuhause fühlen. In: respekt! Zeitschrift für Lesben- und Schwulenpolitik, Heft 21, S. 25.

Wagenknecht, P., 2007: Was ist Heteronormativität? Zur Geschichte und Gehalt des Begriffes. In: Hartmann, J., Klesse, C., Wagenknecht, P., Fritzsche, B., Hackmann, K., (Hrsg.), 2007: Heteronormativität. Empirische Studien zu Geschlecht, Sexualität und Macht. VS, Wiesbaden. S. 17-34.

Witzel, A., 1982: Verfahren der qualitativen Sozialforschung: Überblick und Alternativen. Campus Verlag, Frankfurt am Main, New York.

Abkürzungsverzeichnis

Abs. = Absatz
AGG = Allgemeines Gleichbehandlungsgesetz
Art. = Artikel
DBSH = Deutscher Berufsverband für Soziale Arbeit e.V.
GG = Grundgesetz
LPartG = Lebenspartnerschaftsgesetz
StGB = Strafgesetzbuch

Centaurus Buchtipp

Timo Andreas Kläser

Regenbogenfamilien

Erziehung von Kindern für Lesben und Schwule

Soziologische Studien, Band 38
2011, 336 S., br.,
ISBN 978-3-86226-074-4, **€ 24,80**

Das Buch beschäftigt sich mit der Frage, welche Möglichkeiten Lesben, Schwule und gleichgeschlechtliche Paare bei der Erziehung von Kindern haben, wobei zunächst theoretisch und dann empirisch in Form einer quantitativen Fragebogenuntersuchung und qualitativen Interviewstudie die Situation von Regenbogenfamilien in der Bundesrepublik Deutschland betrachtet wird. Vor allem im Rahmen der rechtlichen Regelungen für Regenbogenfamilien werden in dieser Arbeit ergänzend immer wieder Bezüge zur Situation und Lage in europäischen Nachbarländern und außereuropäischen Staaten hergestellt.

Regenbogenfamilien werden in diesem Buch im Fokus der Erziehungswissenschaft und Sozialen Arbeit multidisziplinär betrachtet. Dabei wird sich zur Bearbeitung der Fragestellungen dem Wissen der Bezugswissenschaften (Soziologie, Psychologie, Rechtswissenschaften etc.) bedient, so dass die Komplexität, die der Thematik lesbischer und schwuler Elternschaft zu Grunde liegt, im Rahmen der Interdisziplinarität erfasst und dargestellt werden kann.

www.centaurus-verlag.de

Gender and Diversity

Bircan Kocabas
Familien mit türkischen Wurzeln in der Kinder- und Jugendhilfe
Eine empirische Untersuchung zur Sozialpädagogischen Familienhilfe
Band 15, 2014, 233 S., br.,
ISBN 978-3-86226-258-8, € **24,80**

Silke Remiorz
Gender Mainstreaming in der Kommunalpolitik
Eine empirische Analyse im Kontext von Migration und Integration
Band 12, 2014, 233 S., br.,
ISBN 978-3-86226-253-3, € **24,80**

Almut Kipp
»Alltagswelten« obdachloser Frauen
Theaterpädagogik als Methodik der (Re)Integration
Band 11, 2013, 204 S., br.,
ISBN 978-3-86226-248-9, € **24,80**

Miriam Soudani
»Männer schlagen keine Frauen?! – Und umgekehrt?«
Das Gewaltverhalten von Mädchen und jungen Frauen
Band 10, 2013, 270 S., br.,
ISBN 978-3-86226-218-2, € **24,80**

Nicole Majdanski
Männer »doing« Gender!
Väter in Elternzeit
Band 9, 2012, 135 S.,
ISBN 978-3-86226-192-5, € **19,80**

Marlene Alshut
Gender im Mainstream?
Geschlechtergerechte Arbeit mit Kindern und Jugendlichen
Band 8, 2012, 190 S.,
ISBN 978-3-86226-191-8, € **20,80**

Ümit Koşan
Interkulturelle Kommunikation in der Nachbarschaft
Zur Analyse der Kommunikation zwischen den Nachbarn mit türkischem und deutschem Hintergrund in der Dortmunder Nordstadt
Band 7, 2012, 248 S.,
ISBN 978-3-86226-177-2, € **25,80**

Garnet Katharina Hoppe
Selbstkonzept und Empowerment bei Menschen mit geistiger Behinderung
Band 6, 2012, 130 S.,
ISBN 978-3-86226-163-5, € **18,80**

Informationen und weitere Titel unter **www.centaurus-verlag.de**

If you have any concerns about our products,
you can contact us on
ProductSafety@springernature.com

In case Publisher is established outside the EU,
the EU authorized representative is:
**Springer Nature Customer Service Center GmbH
Europaplatz 3, 69115 Heidelberg, Germany**

Printed by Libri Plureos GmbH
in Hamburg, Germany